青年的思想愈被榜样的力量所激励,就愈会发出强烈的光辉。

主　编：
李建臣：清华大学双学位，武汉大学博士，编审，中国作家协会会员，中国科普作家协会会员，中宣部文化体制改革办公室副主任

副主编：
刘永兵：海军大校，编审，《海军杂志》原主编，海潮出版社原社长

审　定：
葛能全：中国工程院原党组成员、秘书长兼机关党委书记，曾任钱三强院士专职秘书多年

编委会成员：
董山峰：《光明日报》高级记者，《博览群书》杂志社社长，清华大学校外导师

李　颖：教育博士，清华大学社会科学学院副研究员

丁旭东：副教授，艺术学博士后，中国音乐学院中国乐派高精尖创新研究中心特聘研究员，中国人生美育研究会副主任委员，中国文艺评论家协会会员

高　伟：中国文艺评论家协会会员，清华大学博士

刘逸帆：北京师范大学中国社会管理研究院副院长，《社会治理》杂志副社长兼副总编

孙佳山：知名文艺评论家，中国文艺评论家协会会员，中国艺术研究院副研究员

董美鲜：远方出版社文化教育编辑部主任，副编审

刘　瑞：北京市西城区优秀教师，北京市西城区先进教育工作者，海淀外国语实验学校教师数学备课组长

给孩子读的"中国榜样"故事

与原子共传奇

钱三强

李建臣 主编

http://www.hustp.com
中国·武汉

图书在版编目（CIP）数据

与原子共传奇：钱三强/李建臣主编.—武汉：华中科技大学出版社，2020.10（2022.3重印）

（给孩子读的"中国榜样"故事）

ISBN 978-7-5680-6682-2

Ⅰ.①与… Ⅱ.①李… Ⅲ.①钱三强(1913-1992)-传记-青少年读物 Ⅳ.①K826.11-49

中国版本图书馆CIP数据核字（2020）第190191号

与原子共传奇：钱三强   李建臣　主编
Yu Yuanzi Gongchuanqi：QianSanqiang

策划编辑：亢博剑	
责任编辑：沈剑锋	
封面设计：胡椒书衣	
责任校对：张会军	
责任监印：朱 玢	
出版发行：华中科技大学出版社(中国·武汉)	电话：(027) 81321913
武汉市东湖新技术开发区华工科技园	邮编：430223
印　　刷：天津中印联印务有限公司	
开　　本：880mm×1230mm　1/32	
印　　张：7.5	
字　　数：181千字	
版　　次：2020年10月第1版第1次印刷　2022年3月第1版第3次印刷	
定　　价：35.00元	

本书若有印装质量问题，请向出版社营销中心调换
全国免费服务热线：400-6679-118　竭诚为您服务
版权所有　侵权必究

推荐序

对未来的期许，应以榜样作引领

长江后浪推前浪，新时代发展将势不可当的"后浪"——青少年——的教育及其世界观、人生观、价值观培塑推到了社会大众的面前。所有对未来幸福生活的憧憬，都应该以自强不息的奋斗为底色。青少年要从小树立远大理想，培养高尚情操，发展兴趣爱好，学会独立思考，发奋刻苦读书，掌握过硬的本领，从而改变自己的命运，为实现中华民族伟大复兴的中国梦贡献智慧和力量。

习近平总书记指出："青年的价值取向决定了未来整个社会的价值取向，而青年又处在价值观形成和确立的时期，抓好这一时期的价值观养成十分重要。"① 然而在今天，一些人更看重的是学习成绩、名校、名师、金钱、地位等。古往今来的许多事实告诉我们，一个人的学习成绩再优异、家境再优越，如果三观不正，便有可能误入歧途。一个人的尊荣，不在于他的地位、财富与颜值，而在于他对世界的贡献、对人类的责任以及对社会的担当。所有对未来的期许，都应该以榜样作引领。在榜样力量的引领下，青少年的心智将更加成熟，行为将更加理性，成长的脚步也将更加稳健。

  2020年，在新冠肺炎疫情暴发的危难时刻，全国医护和科技人员逆行而上，奔赴一线抗疫。他们舍生忘死地拯救病患，有的科学家不惜冒着生命危险，以身试药，他们用"奉献指数"换回了人民的"安全指数"。这是一场没有硝烟的战役，却是生与死的较量。这是一场没有先例的疫情防控，他们用辛劳与专业换得山河无恙、人民安康。奉献不问西东，担当不负使命，在最紧要的关头，在最危险的地方，榜样的力量更加震撼人心。广大青少年应该从他们身上看到、学到中华民族抗击灾难时不屈不挠、守望相助的精神。

---

① 习近平：青年要自觉践行社会主义核心价值观——在北京大学师生座谈会上的讲话. 新华网. http://www.xinhuanet.com//politics/2014-05/05/c_1110528066_2.htm

祖国是人民最坚实的依靠，英雄是民族最闪亮的记号。这套由多位专家学者编撰的"给孩子读的'中国榜样'故事"丛书，介绍了钱学森、竺可桢、钱伟长、华罗庚、钱三强、苏步青、李四光、童第周、陈景润、邓稼先等科学先驱的事迹。这些科学家学习成绩优异，大多有海外留学经历，其卓越成就获得了国际学术界的广泛认可。以他们当时的实力，足以在国外过上衣食无忧的生活，然而，他们每一个人都深知，科学无国界，科学家有祖国。钱学森说："我的事业在中国，我的成就在中国，我的归宿在中国。"李四光说："我是炎黄子孙，理所当然地要把所学到的知识，全部奉献给我亲爱的祖国。"邓稼先说："假如生命终结后可以再生，那么，我仍选择中国，选择核事业。"他们不惜牺牲个人利益，远跨重洋回到生活与科研均"一穷二白"的祖国，以毕生的热血为建设新中国做出了巨大的贡献。

八十多年前，鲁迅先生在《中国人失掉自信力了吗》一文中发声："我们从古以来，就有埋头苦干的人，有拼命硬干的人，有为民请命的人，有舍身求法的人……"历史的风雨、生活的磨难，阻挡不了这些人前行的脚步。正是这些人扛起了中华民族伟大复兴的重任，他们无愧为"中国的脊梁"。有人不禁要问，今天的青少年长大后，还能不能前仆后继地埋头苦干、拼命硬干、为民请命、舍身求法呢？今天的青少年可能要问，这些科学家这样"自讨苦吃"是为了什么？我想，这个问题用诗人艾青的一句诗来作答最适合不过："为什么我的眼里常含泪水？因为我对这土地爱得深沉……"

要回答今天的青少年还能不能前仆后继的问题，我想起了梁启超先生一百多年前的期许——"少年智则国智，少年强则国强"。毋庸置疑，今天，中国的青少年正在走向中华民族伟大复兴的未来，他们的脊梁是否挺拔，他们的智慧是否卓越，他们的信念是否坚定，都关乎国家、民族的未来。

榜样是一种动力，榜样是一面旗帜，榜样是一座灯塔，可以为当代青少年引领方向，指导他们奋勇前行。这套"给孩子读的'中国榜样'故事"丛书的出版初衷，就是希望青少年以老一辈科学家为榜样，学习他们胸怀祖国、服务人民的爱国精神，勇攀高峰、敢为人先的创新精神，追求真理、严谨治学的求实精神，淡泊名利、潜心研究的奉献精神，集智攻关、团结协作的协同精神，甘为人梯、奖掖后学的育人精神，将这些可贵的品质内化吸收为个人的精神财富与进取动力，做有理想、有本领、有担当的新时代青年。

祝亲爱的青少年读者朋友们皆能志存高远，前途无量，放飞人生梦想。

中国传记文学学会会长　王丽博士

编者序

实干以兴邦，榜样代代传

实干以兴邦，榜样代代传——正是在这种力量的感召下，无数先贤志士前仆后继，"为天地立心，为生民立命，为往圣继绝学，为万世开太平"，以中华之崛起为己任而一往无前，使中国五千年的文明得到延续，中华民族屹立于世界强国之林。习近平总书记曾经指出："一切为中华民族掌握自己命运、开创国家发展新路的人们，都是民族英雄，都是国家荣光。中国人民将永远铭记他们建立的不朽功勋。"这些英雄榜样是中华民族的脊梁，正是他们艰苦卓绝的奋斗，让中华民族从百余年前的羸弱中站了起来。

改革开放40多年来,在各种思想文化相互碰撞和价值取向多元化的情况下,青少年的思想观念、道德标准、价值取向、行为方式等都呈现出新的特点,既有积极的一面,也有消极的一面。对于青少年来说,他们正处于长身体、长知识和世界观形成的重要时期,兴趣广泛、模仿性强、可塑性大,各方面都还不成熟。复杂的社会生活环境中存在着许多不利于他们健康成长的因素,导致他们在思想上产生了种种困惑。如何对他们进行正确的教育引导,成为当今社会普遍关心的一个问题。

党的十八大以来,以习近平同志为核心的党中央高度重视青少年的思想政治教育。习近平总书记在许多场合对加强青少年思想政治教育发表了一系列重要讲话,内容涵盖立德树人、社会主义核心价值观的培育和践行、以文化人、以文育人、教育合力构建、加强党的领导等诸多方面。这些重要论述充分体现了以习近平同志为核心的党中央对青少年成长成才的亲切关怀和殷切期待,立意高远,思想深邃,形成了内涵丰富的思想政治教育理论体系,为提升青少年思想政治教育科学化水平指明了方向,提供了依据。

在对青少年的教育中,榜样的力量是无穷的。榜样是一桅风帆,帮助我们乘风破浪,驶向成功的彼岸;榜样是一盏明灯,驱走我们心中的黑暗,照亮未来之路;榜样是一面镜子,促使我们审视自身的不足,凝聚奋发向上的力量；榜样是一个指南针，引领我们找到正确的方向，从此不再迷茫。"历史烛照时代，榜样传承精神"，伟大的时代呼唤伟大的精神，崇高的事业需要榜样的引领。

　　为了帮助青少年向榜样看齐，向使命聚焦，汲取榜样"内在的力量"，感受其家国情怀以及进取奉献的优秀品质和崇高精神，我们编写了"给孩子读的'中国榜样'故事"丛书，选取了 10 位富有时代特色的榜样人物，他们是：中国航天事业的开创者钱学森、把一生献给了核事业的邓稼先、与原子共传奇的钱三强、中国近代力学的奠基人钱伟长、中国地质力学的创始人李四光、中国"问天第一人"竺可桢、为数学而生的大师华罗庚、站在数学之巅的奇人陈景润、中国克隆先驱童第周、东方第一几何学家苏步青。

　　这些榜样人物为我国的社会主义建设和国防安全，在各自的领域不畏艰难、开拓创新，做出了卓越的贡献，其伟大事迹彪炳人间。他们不忘初心、淡泊名利、甘为人梯、谦逊朴实、不计个人得失的崇高品质，体现了他们对祖国和人民的无限忠诚，以及对理想信念的执着追求，对青少年具有很强的感召力和教育作用。我们相信，本丛书不仅能够成为青少年喜爱的课外读物，也会是学校、家庭和有关部门对青少年进行人生观、价值观和思想品德教育的好帮手。

　　在编写的过程中，我们采访了 10 位科学家生前的同事与部分后人,查阅了大量与他们相关的书籍、访谈录、手札和本人的著作等,从中撷取了一些鲜为人知的故事,将一个个平凡而伟大的生活画面,以精彩曲折、质朴平实的文字呈现出来,使他们的高尚品德与人格魅力跃然纸上,让青少年读者产生心灵的震撼,在感同身受中对老一辈科学家可歌可敬、感人肺腑、催人泪下的动人事迹产生深切的敬意。相信他们会乐于以这些伟大的科学家为榜样,努力学习,刻苦钻研,立志掌握更多的科学文化知识,为国家的强盛、人民的幸福奉献自己的青春和热血。

目 录
Contents

第一章 登高才能望远   1
    1. 显赫的祖辈和父辈   2
    2. "多面手"的"书呆子"   6
    3. 北大预科班的挑战   12
    4. 初识原子世界   16
    5. 毕业后的抉择与机遇   21

第二章 在居里实验室   29
    1. 初到居里实验室   30
    2. 改建威尔逊云雾室   37
    3. 亲历核裂变的发现   42
    4. 海外游子的家国情   49
    5. 与战争"赛跑"的论文答辩   56

第三章　战火纷飞的日子　　　　　　　　61

　1. 巴黎逃难记　　　　　　　　　　　62
　2. 与德国人巧妙周旋　　　　　　　　66
　3. 暗中支持法国抵抗　　　　　　　　71
　4. 滞留里昂的意外收获　　　　　　　77
　5. 有情人终成眷属　　　　　　　　　82
　6. 中国的"居里夫妇"　　　　　　　86

第四章　坚定的报国心　　　　　　　　　95

　1. 向中国共产党靠拢　　　　　　　　96
　2. 一心归国的海外赤子　　　　　　　105
　3. 突破阻挠，坚持北上　　　　　　　112
　4. 在黎明前的北平　　　　　　　　　116

第五章　初创中国核事业　　123

1. 和平大会与科学外汇　　124
2. 参与筹建中国科学院　　131
3. 为原子能事业广聚贤才　　137
4. 率团成功访问苏联　　144
5. 自力更生创新业　　148
6. 朝鲜细菌战调查始末　　151

第六章　投身"两弹"研制　　157

1. "一堆一器"建设的源起　　158
2. 在中南海的关键汇报　　161
3. 推动"一堆一器"建设　　167
4. 点将调兵造原子弹　　172
5. 原子弹攻坚战　　180
6. 预研氢弹的前瞻部署　　187

第七章　星殒光犹存 　　　　　　　　195

　1. 可爱的书生气　　　　　　　196

　2. 为科学事业的鼓与呼　　　　202

　3. "不自觉的科学学工作者"　　208

　4. 令人尊敬的普通党员　　　　211

附录　钱三强大事年表　　　　　216
后记　　　　　　　　　　　　　221

第一章　登高才能望远

钱三强出身于声名显赫的浙江钱氏家族，他天资聪颖，勤奋好学，年少即有志于助祖国走上富强之路。起初他将目光锁定在上海交通大学的电机专业，后来随着认知的加深，兴趣与志向逐渐转移到物理学方向。在清华大学物理系，他开始接触神秘莫测的原子世界。毕业后，他随严济慈等大家治学，深受其学养浸润熏陶。之后，他考取了中法教育基金委员会公费留法生，踏上异国深造、科学救国的艰难路。

1. 显赫的祖辈和父辈

钱三强祖籍浙江吴兴（今浙江湖州市吴兴区），他的祖父钱振常是同治十年（1871年）的进士，因文辞才思不凡而享誉一时，可惜的是，虽然文才杰出，却官运不达，一直与升迁无缘。无奈之下，钱振常后半生走上另外一条道路——辞职回乡，终身任教。他先后在绍兴、常州等地的书院教书，培养了不少文人名士。著名学者蔡元培就是他在绍兴龙山书院教过的学生，蔡元培在《自写年谱》中写道："我的八股文是用经、子中古字义古句法凑成的，龙山书院钱先生很赏识。"钱振常在龙山书院教过的学生中，还有一位叫徐元钊，也就是钱三强的外祖父。

钱振常有两个儿子，长子钱恂是清末外交家，光绪年间授二品官衔，出使过荷兰、俄国、德国、法国、英国；次子钱夏，即钱玄同，乃侧室周氏所生，他就是钱三强的父亲。

钱三强出生于1913年10月16日,家中兄弟排行第三。身为文字学家的钱玄同为儿子取名秉穹,十三四岁时才改名为三强。钱三强刚满九个月,母亲便带着他从绍兴来到北平(即北京),与在北京高等师范学校(北京师范大学前身)任教的父亲一起住在西四石老娘胡同(今西四北五条)。

钱玄同是"新文化运动"的倡导者和领导者之一。小时候,他因为偷看《例陇扇》被私塾老师用戒尺惩罚过,从此对封建礼教深恶痛绝。他非常尊敬老师章太炎,章太炎因为在《苏报》发表反清文章,曾被清政府囚禁,钱玄同不避危疑,仍以学生身份向章太炎请安问学。

名师出高徒。在章太炎的影响下,钱玄同热爱读书,手不释卷,却从不"恭维"那种内容空洞又装腔作势的文章。钱玄同写文章也有自己的癖好,因事而作,因时而著,鲜有风花雪月。他常说:"布衣遮我体,粗粝饱我饥,所奢望者,唯一书室:书香袭人,笔砚接谈,意气激扬,乐乎其间……世间需要文,以文而'化'世间。我更需要文,无有文,毋宁死。"他还在文章中说道:"一日不读书,对镜觉面目可憎;几日不提笔,对镜竟至不识矣。"

后来,钱玄同接受了新文化的思想,提倡白话文,主张新式标点、注音符号和公元纪年,提倡用阿拉伯数字记数并且中文横排。这些事情现在看来似乎微不足道，但在当时却被批判为"毁灭祖先文化的千古罪人"，被视为异端，是胆大妄为之举。

钱玄同年轻时曾在日本早稻田大学留学，受到章太炎、秋瑾等革命党人进步思想的影响，后来加入同盟会。回国后，他在湖州中学任国文教师，后来又到北京大学、北京高等师范学校任教，其间与陈独秀、李大钊、胡适等人共同创办了《新青年》，并担任北平各大学白话文讲座的主讲人，为我国早期的音韵学、白话文学、文字学及文学的研究开辟了一条崭新的道路。1918年，在他的倡议和影响下，《新青年》从第四卷第一号开始用白话文出版。

在"五四"文学革命的先驱者中，钱玄同可说是一员骁将、一名急先锋；他虽然不是发起者，却是最早的强有力的支持者。催促新文学作品诞生并予以奖掖支持，是他在五四时期的又一历史贡献。中国现代文学史上的第一篇白话小说——鲁迅的《狂人日记》，就是在钱玄同的敦促下完成的，并由他编辑发表。鲁迅和他相交甚厚，称他为良师益友。

1917年年初，当胡适在《新青年》第二卷第五号发表《文学改良刍议》之后，钱玄同立即在该刊第二卷第六号发表《通信》作为声援，文中写道："顷见第五号《新青年》胡适之先生《文学刍议》，极为佩服。其斥骈文不通之句,及主张白话体文学说最精辟……具此识力,而言改良文艺,其结果必佳良无疑。惟选学妖孽、桐城谬种,见此又不知若何咒骂。"钱玄同认为:"六朝的骈文满纸堆垛词藻,毫无真实的情感,甚至用典故代替实事,删割他人名号,去迁就他的文章对偶,打开《文选》看,这种拙劣恶滥的文章,触目皆是。直至现在,还有一种妄人说,文章应该照这样做,《文选》文章为千古之正宗。这是第一种弄坏白话文的文妖。"

钱玄同的举动,使力主文学改良的陈独秀、胡适在寂寞中深受鼓舞。更为重要的是,钱玄同明确将"桐城谬种"和"选学妖孽"定为文学革命的对象,击中了当时摹仿桐城派古文或《文选》所选骈体文的旧派文人的要害。

钱玄同反对封建主义文化制度,也反对帝国主义的侵略。1925年"五卅惨案"发生后,他写过一篇《关于反抗帝国主义》的文章,把反帝和反封建两项战斗任务结合起来考虑,主张一面积极反抗帝国主义的侵略,一面用民主、科学思想和现代文化知识"唤醒国人",使国人爱护自己的国家。钱玄同曾经主张"欧化",认为中国根本改革之路在于"欧化":"全世界之现代文化,非欧洲人所私有,不过欧洲人闻道较早,比我们先走了几步。"

钱玄同在史学界也有相当的贡献。他既反对"泥古",又反对"蔑古"。他辨真伪,审虚实,求真信,成为承袭清代道咸年间今文家极盛余绪而又启发现代用科学方法扩大辨伪运动的第一人。顾颉刚成为"古史辨运动"的领袖人物,在这方面对他启发最大的是钱玄同,是钱玄同要他重新清理今古文之争的公案启发了他辨古史的动机。

钱玄同对于"经学"创见甚多。他有一句名言:"考古务求其真,致用务求其适。"他发表在《古史辨》上讨论上古历史和儒家经书的文章,独见很多,影响很大。郭沫若对钱玄同在古史研究方面的一些观点非常赞赏,说:"这些见解与鄙见不期而同,但都是先我而发的。"

钱玄同一生在新文学运动、新文化运动、国语运动、古史辨运动以及音韵学诸方面,都做出了杰出的贡献。他主张用文化科学知识来改造社会。他经常对三个儿子说:"对于社会要有改革的热忱,学习知识技能的目的在于改造社会。"钱三强受父亲的影响,从小就喜欢数学,也非常喜欢科学知识,希望通过努力学习,掌握知识技能去服务社会,造福社会。

2. "多面手"的"书呆子"

1919 年,6 岁的钱三强入读北京高等师范学校附属小学,一年后转到孔德学校小学部。

孔德学校是一所新式学校,位于北京东城方巾巷华法教育会会址，由蔡元培、李石曾和北京大学教授李大钊、沈尹默、马幼渔、马叔平等人创办。"孔德"一名取自法国近代实证主义哲学家奥古斯特·孔德的姓。这所学校始终遵循蔡元培等人的办学宗旨，是一所开明的新式学校。学校师资力量雄厚，除了注重学生的德、智、体外，还很重视音乐、图画、劳作课。所以，钱三强童年时期的教育条件可以说是十分优越的。

1926年，孔德学校成立了山猫篮球队。钱三强也想加入篮球队，就去找体育老师报名。体育老师见他个子很矮，劝他去打乒乓球，但钱三强却自信地说："乒乓球和篮球我都打，个子不高可以打后卫嘛！"教练见他这么坚持，又看他体格壮实，就让他先跑个100米看看速度如何。钱三强一看有机会，更来了劲头，他跑了三次，终于勉强通过测试，成为山猫篮球队队员。事实证明，他无愧于队员这个称号，仅仅半年时间，他就成了山猫篮球队的主力后卫。

对于山猫篮球队，钱三强后来还津津乐道：

到我们十三四岁，以我们班为主成立的"山猫队"，每星期练篮球，对正在发育年龄的青少年的身体成长有好处；同时对集体主义精神，特别是拼搏与创新精神的培养起了重要作用。当时"山猫队"的中锋周丰一和我（后卫）配合默契，由我做长距离投篮，他很快跑到篮板附近，不等球碰着篮板，就接住球轻巧而准确地投进篮去，外校球队称之为"托盘"。特别是在关键时刻用上几次，对胜负起了重要作用，"托盘"就是我们队练习时创出的方法。约两星期举行一次的篮球比赛，常常是全校快乐的日子。

钱三强的乒乓球也打得很好。1928 年冬，欧美同学会在米市大街基督教青年会举办了北平市第一次乒乓球比赛。各所学校经过初步选拔，选出男女选手数十人，先进行分组赛，每个组的前三名进行淘汰赛，然后再决赛。在这次比赛中，钱三强作为孔德学校的参赛选手之一，取得了男子单打第四名的成绩。

钱三强考上清华大学后，仍然保持着打乒乓球的习惯。1935 年，他作为清华大学乒乓球队的主力队员，参加了北平五所大学的乒乓球表演赛。在男子团体决赛中，他们队本来大比分落后，但他和队友们奋起直追，终于扭转局势，获得比赛的胜利。事后，清华大学校刊上有一篇文章点名表扬了他，说他"攻球稳而锐利，守球落点准确"。

在读书方面，因为父亲十分开明，钱三强在家里可以自由地阅读，即便是当时被归为"闲书""杂书"的读物，父亲也不禁止他读。他识字是从学国语罗马字开始的，那时钱玄同参与修订了用注音字母注定读音的《国音字典》，而钱三强便就近向父亲学习识音认字。他家就像一个小型

第一章 登高才能望远

图书馆,有很多书刊报纸,钱三强在新知识的海洋里遨游,快乐地度过了童年时期。他涉猎尤为广泛,读过《小朋友》《儿童世界》《新青年》《小说月报》《语丝》等杂志,还读过古典小说《儒林外史》《水浒传》《西游记》《红楼梦》《镜花缘》《三国演义》,以及新小说《呐喊》《彷徨》、外国小说《鲁滨孙漂流记》《爱丽丝漫游奇境记》(《爱丽丝梦游仙境》)等,这些杂志、"杂书"使他读到了"四书五经"之外的趣味,打开了他的眼界。常年阅读这些书籍的经历,也使他的认识水平得到很大提升,成为他日后取得成就的奠基石。

钱三强印象比较深的是《鲁滨孙漂流记》,他在中学时读了这本书。半个多世纪后,他在中国科学技术协会举办的一次座谈会上,回忆起自己青少年时代的学习生活和这本书,讲述了小说主人公鲁滨孙不怕凶险和困难的勇敢精神对自己的影响。他说,鲁滨孙长期在外经商,遇到过很多危险,有一次他贩卖黑奴,结果在海上遇到大风,船触了礁,他侥幸捡回一条命,被海浪冲到一个荒无人烟、与世隔绝的海岛上。为了生存下去,鲁滨孙自己制作各种工具,开荒种植,在这个海岛上生活了整整28年,拥有自己的种植园和牧场。通过鲁滨孙的故事和自己的心得,钱三强告诫与会青年,困难能压倒人,也能锻炼人,关键在于一个人面对困难的态度是否具有拼搏精神。

在校期间,钱三强学习成绩优异,得到老师和同学们的称赞,大家都夸他聪明;但在与人相处时,他却显得木讷呆板,所以同学们又给他起了一个"书呆子"的绰号。父亲知道后,对他说:"他们说你呆?别往心里去。依我看呀,这呆一点没什么不好。古人云:'人而不呆,不可以为友;人而不痴,亦不可与之为友;人而呆痴,以其有深爱也;人而不呆不痴,则其无深爱也。情之甚浓者,为痴。一片痴情,往往感天动地。'我很多的好友都多少有些呆气。也许常人认为他们有些傻,但依我看,这种傻气也正是他们身上最难能可贵的地方。"

父亲拍了拍钱三强的脑袋说:"我倒是希望我的孩子们个个都是'书呆子'。一个在现实生活中有傻气、在某一方面'痴'的人,往往是对事和人不加设防的人。我们家应该将'书呆子'看作一份荣誉。"父亲的话让钱三强不再以绰号为意,内心也释然了。

钱三强所在班级的不少同学擅长写作,带动了班里学习写作的气氛。其中有个名叫李志中的同学才华出众,还担任了《华北日报》副刊版周刊《迹》的撰稿人。班里的同学为这份周刊提供了很多稿件,钱三强也是活跃分子之一。此外,他对体育、音乐、美术等课程也颇感兴趣,可谓"能文能武"。

钱三强家的墙上挂着一幅《鹰图》,他对这幅画钟爱有加。这是他的舅公徐燕来家中做客,赠送给他的。画上还有舅公题的赠言:"后者,有三强:一曰,目光敏锐；二曰，翅膀矫健；三曰，爪子锋利。"舅公是借这幅画祝愿他像雄鹰那样展翅翱翔。钱三强因此大受鼓舞，以后每当遇到困难，都会抬头看看这幅画，激励自己勇闯难关。

说到"三强"这个名字的由来，背后还有一段趣事。

有一次，钱三强（此时还叫钱秉穹）收到同学李志中的来信，信的开头为"三强"，落款为"大弱"。钱玄同无意中看到这封同学之间互相调侃的信，好奇地问道："这个'三强'和'大弱'是谁呀？"

钱三强坦率地回答："'三强'就是我，因为我排行第三，而且喜欢运动，身强体健，所以同学们给我起了这个绰号。'大弱'是同学李志中，他在兄弟姐妹中排行老大，身体又比较弱，所以自称'大弱'。"儿子的话让钱玄同陷入思考。他一直觉得自己给孩子们起的名字有悖于倡导新文化、反对复古，中国文字要朝大众化、平民化发展的主张。

一天晚上，他把儿子叫进书房，继续谈"三强"的话题，说："依我看'三强'这个名字不错，可以理解为立志争取德育、智育、体育都更强。你干脆就把名字改为'三强'吧！"

就这样，在父亲的肯定下，钱秉穹改名为钱三强。

3. 北大预科班的挑战

钱三强在读中学期间，北伐战争开始了。在北伐军捷报频传的日子里，学校里也流传着进步书刊。一个偶然的机会，钱三强读到孙中山的《建国方略》，他在书中看到祖国未来的蓝图被勾画得那么雄伟壮观、气势磅礴——铁路干线的开创，实现电气化的构想，还有东方、南方、北方的几大港口的开辟……这一切激起了他救国报国的热情。他一口气读完了《建国方略》这部著作，其中深刻的思想令他如醍醐灌顶，在黑暗中看到了祖国光明的未来。

与此同时，在数学老师陈君哲、物理老师吴郁周这两位优秀理科教师的影响下，钱三强对理工学科产生了很大的兴趣。他认为，要让祖国摆脱贫穷和屈辱，走向现代化，走向富强之路，必须以强大的工业作为支撑，因此打算将电机工程专业作为自己报考大学的志愿。

"爸爸，我想学工科，将来做电机工程师。"高中快毕业时，钱三强来到父亲的书房，向父亲说出了自己的想法。

钱玄同对儿子的志愿感到惊奇。他是一位思想进步的文字语言学家，一向以开明的态度对待孩子，总是理解和支持孩子的志愿与兴趣。望着满心期待、渴望得到支持的钱三强，他关切地问道："你想报考哪个学校？"

"我以后想当一名工程师，努力建设祖国，所以我想报考上海交通大学。"钱三强充满自信地回答。

钱玄同听了，反问道："做工程师是个很好的理想，但你有没有考虑过上海交通大学用的可是英文课本呀？"

钱三强顿时沉默了，他确实没有考虑到这一点，这是个不小的难题。因为孔德学校的外语教学一直都是法文，突然要转为英文教学，怎么适应呢？钱玄同接着说："将来学习的专业由你自己来做决定。但是切记，应该用理智的头脑进行科学分析，三思后再做决定。"

晚上，钱三强左思右想，辗转反侧。第二天到了学校以后，他和另外两个同学讨论这个问题，最终想出一个办法，那就是先进北京大学读预科。

放学后，钱三强又找到父亲，接着上次的话题说："爸爸，我是这样想的，如果可以的话，我想先进北京大学理学院预科班学习，等英文成绩有所提高，再考上海交通大学。"说完，他期待地看着父亲，等着父亲发表意见。

"想法不错，但是要进北大预科，英文考试也是必需的，而且也得用英文课本。你想过吗？"

"我们讨论过这个问题。我请求爸爸出面跟北大商量一下，允许我们用法文考试。入校后，我将尽力学习英文。如果跟不上，就再留一级。"

钱玄同见儿子如此强烈、执着，又如此喜欢工科，也就不再说什么了。随后，他与北京大学理学院的主管教授商量让钱三强用法文考试的事情。1929年，钱三强用法文应考，成为北京大学理学院的预科生。

钱三强在1986年回忆自己考入北京大学理学院预科后的情况时说：

北大预科开学以后，新生约200人，从全国各地来的，分为四个班。以外文（英文）程度分为三个班，第四班是用德文与法文考进来的和英文程度比较差的，我们三人自然就在第四班了。当时一方面很兴奋，有点长大了的感觉，另外也确实有点担忧英文问题。开学以后英文有两门课：一是读本，学富兰克林自传；二是修辞学。预科的课程数学、物理、化学、生物都是用英文课本，老师们很可能由于习惯或维护"尊严"（那时是半封建半殖民地的旧中国），直接用英语讲，这对我是很大威胁。幸亏第二星期起逐渐地改为以普通话为主，夹杂着英文的科学术语，这样我就能听懂大意，在课堂努力做笔记，下课后在图书馆或在家里努力查字典，将英文课本的内容与笔记对照，获得科学知识。从此运动场也不去了，家中我的歌声也少了。总之，头半年与字典结下了不解之缘。

只要没有课，钱三强就去图书馆复习或整理笔记，即使回到家,他也是以最快的速度把饭吃完,然后又埋头读书。因为学习过于刻苦,他椭圆形的脸庞渐渐消瘦了,母亲看他这样很心疼,担心长此以往他的身体会吃不消,便提醒钱玄同:"三强照这样下去,要是身体累垮了可怎么办?"

钱玄同却觉得妻子是小题大做,他说:"我有什么办法呢?"

"你抽空和他谈一谈吧。况且他年龄比别人小,留一级也无妨,为什么要这么拼命呢?"

和妻子的担心不同,钱玄同大笑着说:"你果有一副慈母心肠,却不怎么了解他的志气。你说留级,他会答应留吗?"

期末考试时,钱三强对别的课程都不担心,唯独担心英文考试不及格。等收到考试成绩单,他发现英文得了65分,过了及格线,其他学科的成绩就不用说了,都很好。他雀跃着回到家里大声宣布:"我的英文及格啦!"父母也都为他英文考试及格而高兴,并鼓励他继续努力。父亲还对钱三强的母亲说:"咱们这个属牛的儿子,倒真有股子牛劲!"

4. 初识原子世界

在北京大学预科学习了一年，钱三强逐渐适应了那里的学习生活氛围。为了扩充自己的知识储备，他开始有选择地听一些非必修课，有时还去听理学院本科生的课。一天，他经过校园布告栏，无意间发现海报上写着北京大学将聘请清华大学吴有训教授讲授近代物理学。这引起了他的极大兴趣，他还从来没有听过大学物理课，于是便决定到时去听课。

上课那天，钱三强一大早就来到教室，挑选了一个中间的位置坐下来。吴有训一进教室，钱三强就发现这位老师很特别：吴有训没有拿皮包、讲义和教科书，只拿了两页纸和一些长短不一的绳子，还有几节电池。吴老师在黑板上写了几个大字——"振动与共振"，接着又在讲台上拉了一根长绳，在绳子上等距离地挂了八根短线，每根短线上吊一节大号电池。演示开始时，第一节电池最先被推动，这时，被推动的电池立即产生单摆动作，很快，摆动慢慢减弱。此时，第二节电池随之自行摆动起来，之后，第三节、第四节电池……也跟着依次摆动。吴有训运用这些简易的实验器材，生动地展示了共振现象和简谐运动。他巧妙的教学方法令钱三强这样的"门外汉"很快就掌握了这些难懂的概念。

钱三强后来回忆说:"我那时有好奇心,物理系高年级的课也去旁听,课外演讲也去听,总之凡是能扩大知识范围的,我总是积极地去参加。我还记得当时清华大学物理系教授吴有训和萨本栋都在北大兼课,他们都是实验物理学家,把近代物理和电磁学都讲得很清楚,并且在课堂上还有实验示范。"

这段时间,钱三强开始阅读科学著作,在读了英国科学家罗素的《原子新论》后,他的学习兴趣逐渐转移到物质结构上。加上在清华大学听了几位物理系教授所讲的课,他彻底打消了报考上海交通大学的念头,决定报考清华大学物理系。

钱玄同对钱三强改变初衷考清华大学物理系持支持态度,因为他向来"主张完全要由自己的兴趣来决定,万不可由别人用了功利主义做标准来'指派'",还写了"从牛到爱"四个大字送给钱三强。对于这四个字,全家人都不明白是什么意思,钱玄同解释说:"这四个字有两层意思:一是希望三强能够继续保持牛的那股坚毅劲头;二是不断努力,攀登科学的高峰,向牛顿和爱因斯坦学习。"从此,这四个字就成了钱三强的座右铭,到法国留学时他也带在身边,用以激励自己。

1932年秋,钱三强顺利考取清华大学物理系,成为留美归来的叶企孙、吴有训、赵忠尧和萨本栋教授的学生。

清华大学享誉国内外,培养出许多优秀学子、国家栋梁,校内处处散发着浓厚的学术气氛,教学严谨,学风端正。当时,清华大学物理系聚集了中国物理学领域的许多名家。1932年8月,中国物理学会成立,在清华大学科学馆举行第一次年会,到会的物理学家大多来自清华大学物理系。这让钱三强备感振奋。清华大学物理系的教授大多从当时科技发达的欧美留学归来,习惯采用欧美的教学方式——课堂上不读课本,剖析例题,引导学生思考,注重培养学生解决问题的能力。叶企孙讲授热力学有自己的一套方法,萨本栋讲授电磁学也自成一格。最让钱三强感兴趣的是,老师们在课堂上总会介绍本领域的最新科研动态。

赵忠尧讲原子物理学,曾在课上穿插介绍了英国物理学家查德威克发现中子的经过。讲完中子的性质、质量及其原子核内部的作用后,他说:"原本这项发现应该属于两位法国科学家——伊莱娜·居里和让·弗雷德里克·约里奥夫妇。他们最早在实验中发现了一种奇怪现象,这种奇怪的现象实际上就是中子的出现,但他们当时并没有意识到中子的存在,在实验结果发表时,把这种极重要的奇怪现象解释为 γ 射线对质子的一种散射。"

赵忠尧接着说:"两位法国科学家无意间失去了绝好的机会,但是这次实验结果却令英国科学家打开了思路。看到这对夫妇的实验报告后,查德威克进行重复实验,同样发现了这个奇怪现象,之后他做出正确解释,确认这种粒子为中子。就这样，查德威克得到中子的发现权，这个发现让他获得了诺贝尔物理学奖。"

最后，赵忠尧总结道："科学研究有时给人带来遗憾，有时给人带来幸运。但是，有勇气并能够抓住机会，对每个人来说都很重要。"正是这个有趣的故事，把想象力丰富的钱三强引向了那个神秘莫测的原子世界。

1934年暑期，吴有训教授去国外考察，从美国带回一些吹制玻璃的设备、玻璃真空泵和各种口径的玻璃管，并很快在系里开设了"实验技术"这门选修课。这门课的第一批学生共有6人，钱三强就是其中之一。

第一天上课，吴有训让学生们畅所欲言，谈谈对这门课的想法。当轮到钱三强时，他回答说："我想掌握一技之长。"吴教授赞同地拍了拍他的肩膀，说道："多学一些技能是很好的。物理研究需要丰富的科学知识，今后你们会有更深刻的体会。"在第一堂实验课上，吴教授要求每个学生自己吹制一个玻璃器皿，自行决定其形状和大小。第一次吹制，钱三强失败了，吴教授走过来，耐心地教他，要他特别注意把握火候，使黏度慢慢增大，接着完成造型，最后退火。几次下来，钱三强一次比一次做得好，最终成功吹制出了满意的作品。吴教授频频点头，赞扬钱三强是可造之才。钱三强后来回忆老师时写道："他手把手地教我们，让我们掌握烧玻璃的火候和吹玻璃技术的关键所在，并随时指出我们的缺点，我感到得益不少。"

1936年春，钱三强进入毕业论文写作阶段。他们班入学时一共有28人，如今只剩下10人。因为学生人数很少，老师指导学生做毕业论文时基本上是一对一。从老师指定题目、参阅文献、设计实验、制造设备、进行实验，到写作论文，是研究工作的一个全过程，和现在大学里写硕士论文类似。

钱三强的毕业论文选择了研究金属钠对真空度的影响，指导老师是系主任吴有训。吴有训要求钱三强独自设计和制作，并给了他一个扩散真空泵和一些玻璃管材作为实验的材料。通过查阅相关资料，钱三强设计出管道图，并到金加工车间用角钢焊接了一个支架，用扩散真空泵和玻璃管材制作一台真空系统装置。

实验的进展大体顺利，钱三强也充满了信心，没想到意外突然发生了。这天，他启动了真空泵，只听"砰"的一声，玻璃真空系统爆炸了，扩散真空泵里的水银流溅一地。幸运的是，钱三强没有受伤，不过他受到些惊吓，缓了缓神后，赶紧跑去向吴有训报告。吴有训关切地嘱咐他将实验室的门窗全部打开通风，暂时不要让人进去，以免吸入水银蒸气中毒。过了几天，钱三强和吴有训一起到实验室查看爆炸的原因，经过分析，他们认为是玻璃制品的结构应力不均匀导致爆炸，而要避免这一现象，在吹制玻璃设备时必须注意退火并严格执行退火的操作程序。吴有训鼓励钱三强继续努力做好实验。钱三强总结失败的教训后，又重新实验操作，获得了成功，他的毕业论文取得 90 分的优异成绩。

这件暖心的"小事"，钱三强一直铭记心中。后来他在法国留学时因动手能力强而受到约里奥的赞许，对此，他说："回忆这段事实，说明我在清华大学受到的教育，特别是吴先生鼓励我们敢于动手的教育是非常重要的，对我一生是有意义的。"

5. 毕业后的抉择与机遇

毕业论文通过后，钱三强顺利毕业。这时摆在他面前有两个选择：一是到南京的国防部军工署工作，二是去北平研究院物理研究所工作。他首先征求了父母的意见，父亲问他："你的志向是什么呢？"

"我的志向是去物理研究所。但是，很多同学建议我去南京军工署，说那里待遇好。"

"那你更看重什么，志向还是工资？"钱玄同显然是要帮儿子厘清主次。

钱三强毫不犹豫地回答："我当然更看重自己的志向。"

钱玄同点点头，说："很好，我还是原来那句话，你自己的事情自己决定。"

钱三强的母亲也不愿儿子与军事机构扯上关系，希望他能踏实做学问，认为还是留在北平好，不要去南京。

钱三强综合考虑父母与自己的想法后，将最终决定告诉了老师吴有训，吴有训很赞赏他的选择，之后提笔给自己的好友、北平研究院物理研究所所长严济慈写了一封推荐信。

当时在中国物理学界，严济慈、吴有训、叶企孙和饶毓泰被称为"四大金刚"。钱三强有机会在严济慈身边工作，不仅羡煞旁人，他自己也是心潮澎湃，不能自已。

北平研究院物理研究所和化学研究所合用一座三层楼房，所以这座楼也被称为理化大楼，在东皇城根42号，是一个很大的老四合院。

1936年7月，钱三强到物理研究所报到。第一次见到严济慈，钱三强有些拘谨。严济慈见状，笑着对他说："我看过你的毕业论文，写得很好嘛！"闲谈几句，见钱三强放松下来，严济慈接着又问："你对今后在所里从事研究工作有什么想法？"钱三强很清楚严济慈在光谱学研究方面做出的巨大贡献，当即回答说："我倾向于实验物理研究，尤其是分子光谱。"严济慈听了他的回答，说："物理这门科学的发展离不开实验与理论定义。你在以后的研究中就会感受到，作为基础研究，理论是不可或缺的。"严济慈的一番话，使钱三强对理论与实验的辩证关系有了进一步的认识。

之后，钱三强被定为助理研究员，月薪80块大洋。在物理研究所，他首先研究带状光谱的分析与测量，主要任务是分析测量化学元素铷的紫蓝色光带的游离能量。他对此兴趣盎然，几个月后，他不仅能够熟练地操作几台光谱仪，还学会了照相。

当时物理研究所规定，每个助理研究员还要兼做一项义务工作。钱三强选择兼职图书管理员，这给了热爱读书的他一个绝好的学习机会。他做完图书馆常规工作后，便按照严济慈给的阅读书目，如痴如醉地伏案学习。与此同时，他将光谱学、分子结构学与光谱实验的学习相结合，很快就拍摄到一组清晰的光谱照片，并在显微光谱仪上画出了光谱分布图。到1936年年底，他的实验全部做完，并把整理好的数据交给严济慈。严济慈看后十分满意，建议他写成论文，然后发表。

在严济慈的指导下，1937年3月18日，钱三强用英文撰写了他的第一篇研究论文《铷分子离解的带状光谱与能量》，署名为严济慈和钱三强两个人。钱三强把论文寄给美国的《物理评论》，同年7月15日，论文发表，从此开启了他的科学研究生涯。有趣的是，这一年恰好是他的本命年——牛年，也恰恰对应了父亲对他的期望——"从牛到爱"。

这次成功的合作，给钱三强和严济慈彼此都留下了良好的印象。严济慈认为钱三强大有发展潜力，打算把他送到国外去深造，这也是严济慈从长远着眼培养人才的一贯做法。

1937年年初，一个星期六的下午，严济慈把钱三强找来问道："听说你在中学时学过法语，现在还记得多少？"钱三强答道："已经忘了大半，如果看看文献、查查字典还勉强可以。"严济慈说："那好，我考考你，看看你的法文程度如何。"他拿起一本从图书室借来的法文科技书递给钱三强，让他念出来。他听了一会儿，说钱三强"法语程度还不错"，然后说出让钱三强去考中法教育基金委员会派赴法国留学的公费生的想法。

这次中法教育基金委员会招考公费生到法国留学，只有三个名额，其中有一个名额是到世界上著名的实验室——居里实验室。这个实验室由居里夫人创建，当时由居里夫人的女儿伊莱娜和女婿让·弗雷德里克·约里奥夫妇领导。想到能有机会到居里实验室学习深造，钱三强无比激动。

留法考试先后考了物理、数学、外语（法语、英语任选）和语文四门课。考完语文后，钱三强有些沮丧，觉得自己无缘去法国留学了。原来，在"新文化运动"的影响下，国内教育领域掀起了复古风潮，所以这次出的语文题也受到影响，学校要求学生写两篇作文，一篇用白话文写作，一篇用文言文写作。而文言文是钱三强的弱项，所以文章自然没有写好。钱三强也知道自己不擅长文言文，但因为学的是理科,就没太在意。这次留法考试后,他意识到一个人的长处与短处往往是共存的,短处如果不及时弥补,迟早会拖后腿。

在等待考试结果的这段时间,报纸上刊登了丹麦物理学家尼尔斯·玻尔到中国访问的消息,他将到北京大学作学术报告。钱三强自然不会错过这样的良机,他怀着激动的心情跑去聆听玻尔的报告。玻尔将深奥的关于原子结构和原子图像的科学内容讲得深入浅出、趣味盎然,深深地吸引了钱三强,他尤其感兴趣的是玻尔报告中关于复合核的概念。几十年后,他依然对这次报告记忆犹新,甚至把它作为自己人生中的一个"重要纪事"。

考试结果公布,考试委员会认为钱三强的文言文虽然写得一般,但是他的物理和数学成绩不错,这样平均下来,综合成绩也名列前茅。考试半个月后,钱玄同在学校接到老友严济慈的电话,让钱三强到他家里去一趟,谈谈留法考试结果的事。一见面,严济慈就笑呵呵地告诉钱三强:"你和另一名同学在这次镭学名额的考试中成绩都不错。他的文言文写作比你强,但物理、数学不如你。外文成绩,他考的是英文,你考的是法文,都是可以的。考试委员会经过研究,认为你去巴黎大学居里实验室攻读镭学博士更合适一些,决定录取你。公费资助前三年,每月 2000 法郎。你做好起程准备吧!我 6 月底也会去趟法国。"

"在巴黎我们能见面吗?"

"当然可以。"严济慈简单说了说自己这次法国之行的行程安排,"我去参加几项活动,先出席国际文化创作会议,然后参加法国物理学会理事会。还有,我的法国老师范勃443要退休了,举行庆祝活动,我也是要参加的,大概逗留几个月的时间。"

很快,钱三强就要起程赴法国留学了。临行前,钱玄同叫来钱秉雄、钱德充和钱三强兄弟三人,和他们做了一次长谈,这次谈话令钱三强终生难忘。

钱玄同问钱三强:"走之前还有什么话要说吗?"

钱三强低头沉默,大哥钱秉雄替他把顾虑说了出来:"他对二老有些放心不下,正在犹豫。"

"有什么可担忧的呢?"

钱三强心情沉重地说:"'七七'事变以后,北平城外战火连天,日本觊觎中国的土地,眼看大仗又要打起来了,我怎么能这个时候走呢?"

"弹丸之地的日本敢对我们偌大一个中国发动侵略,是因为什么?还不是因为我们国家落后!"钱玄同说着不由得激动起来,"'一二·九'的时候,你们都信誓旦旦地说,为民族生存而战,为国家领土完整而战。凭什么?难道就凭我们这些血肉之躯吗?"

钱玄同看着三个儿子,最后将目光转向钱三强,继续说道:"中国是人多的大国,但未必是强国。只有用先进的思想、先进的科学技术才能使我们的国家强大起来,否则只能任人宰割。你要记住，现在出国学习，正是为了将来报效祖国、造福社会！"

钱玄同长叹一声，接着说："现如今国难当头，留在家里还不是一同受难，何必如此呢！"

钱三强哽咽着对父亲说："爸爸，我明白您说的话。只是您的身体这样虚弱，我担心一旦战争爆发，您的身体支撑不住，到时候全家人的生计也会有困难……"

一阵沉默后，钱玄同强忍不舍，把话题转向法国："你到了巴黎要好好照顾自己。巴黎是世界文化名城，到了那里先要适应环境，多注意身体，尽量别生病，好好学习。至于我的身体，不必在意。你们的祖父、伯父都活了七十四五岁，我想我活到60多岁是可能的。"

这时，长子钱秉雄宽慰父亲道："爸爸，您平时多注意些就好，对自己的身体不必多虑。"接着，他又以兄长的口吻安慰钱三强："弟弟，爸爸妈妈有我和德充照顾，还有你嫂子，你只管放心，不用牵挂家里。战争形势难以预料，况且这不是一家一户的事情。要是真有什么不测，我们也会尽全力照顾好家里，你就放心去吧！"

看着日益苍老的母亲和体弱多病的父亲，联想到祖国破碎的山河，悲伤再一次涌上钱三强的心头，他紧紧握住母亲的手，眼中尽是难离。母亲依依不舍地说："去吧，皇天不负苦心人，唐僧经过九九八十一难到西天才取得真经，你也能成功。只要你有出息，妈就知足了。"

钱三强答道:"妈妈,我一定好生取经,顺利归来。"说着,眼泪从他的脸上滚落下来。

1937年7月,钱三强登上了开往法国的客轮。他站在甲板上,望着渐行渐远的上海滩,心潮起伏。祖国贫穷落后的困境等待他和众多有志之士将来改变,科学救国的烈焰燃烧着他那颗年轻的心。

再见了,祖国!再见了,亲人!

第二章 在居里实验室

刚刚踏上科学征程的钱三强，在导师伊莱娜·居里和让·弗雷德里克·约里奥-居里的指导下，遨游在具有无限吸引力的广阔的原子世界中。他聪敏务实，刻苦求学，很快就做出了创造性的工作，并亲眼见证了核裂变这一科学史上的重大发现。在法国的这段时间，他从报纸上看到祖国的深重灾难，经历了亡父的悲痛，也目睹"二战"的全面爆发，这一切都转化为动力，推动他学习，早日学成归国效力……

1. 初到居里实验室

1937年8月，钱三强走进法国巴黎大学镭学研究所居里实验室，成为世界著名科学家约里奥-居里夫妇的学生。

约里奥-居里夫妇是让·弗雷德里克·约里奥和伊莱娜·居里。伊莱娜·居里是皮埃尔·居里和玛丽·居里的女儿。伊莱娜和让·弗雷德里克结合后，为了表示彼此尊重，常以复姓约里奥-居里相称，故而外界的人们习惯称他们约里奥-居里夫妇，也称小居里夫妇。

伊莱娜和她的母亲居里夫人一样，醉心于科学研究，作风严谨，品格高尚，待人谦和热情。能够在她的指导下学习，对钱三强来说是一次非常难得的经历。

几十年后，钱三强回忆起第一次见到伊莱娜的情景，他还清楚地记得，当时已经抵达巴黎的严济慈亲自带着钱三强来到巴黎大学镭学研究所居里实验室。他们两人并排

第二章　在居里实验室

坐在实验室后花园里的一张长椅上,伊莱娜坐在对面的长椅上。钱三强看着伊莱娜,她的额头很高,眼睛明亮,衣着朴素,和蔼可亲。她对他们的到来是那样热情,就像欢迎久别重逢的老朋友一样。

未到实验室之前,钱三强一直很担心,他无比向往的实验室能不能真正成为自己学习工作的园地?他崇敬的诺贝尔奖获得者果真会成为自己的导师吗?看到伊莱娜如此平易热情,他忐忑不安的心情稍稍放松了一些。

互相寒暄之后,严济慈首先切入主题:"今天我给您带来一位优秀的人才,想投奔您的门下。"

"欢迎你的到来!"伊莱娜热情地伸出手来,与钱三强握手。

严济慈接着说:"他叫钱三强,是中法教育基金委员会送派的。他以优秀的成绩通过了评审,准备读博士。"

"主攻物理方面还是化学方面?"伊莱娜又问。

"我是学物理的,希望做物理方面的课题。"钱三强马上用法语回答,他见伊莱娜和蔼可亲,朴素而庄重,紧张的心情缓和了许多。

伊莱娜很关切地进一步询问道:"你的化学学得怎样?"

严济慈不等钱三强回答,接过话说:"他的化学学得也好,特别擅长化学分析和光谱学。"

伊莱娜问道:"你的法文怎么样?"

钱三强不好意思地答道："中学学过，后来改学英文。"

严济慈接过话茬："他来这里学习是通过了法语考试的，成绩不错。"

伊莱娜思考片刻，点头说："好！就这样决定了，你在我这里做博士论文，同时也到法兰西学院做一些工作。"

钱三强喜出望外，他万万没有想到伊莱娜会如此果断地做出决定，他的梦想竟这么快就实现了！他连忙道谢："非常感谢夫人，我一定会努力的。"

伊莱娜又介绍说："我们这个实验室时间比较久，成型的设备不错，但是新东西少一些。法国政府拨出一笔钱，在法兰西学院建立了核化学实验室，约里奥负责那边，你的工作归我们居里实验室管，有些工作也可能在法兰西学院做，那里正在组装一些新设备。在我们这里学的东西面广，在那里学的比较新。"钱三强见伊莱娜考虑得如此周到，再三地表示感谢。

约里奥－居里夫妇两年前共同获得了诺贝尔化学奖。想到两位诺贝尔奖获得者即将成为自己的导师，钱三强非常激动。对他来说，进入居里实验室，走进这个探索微观世界的新天地，是他人生的一个重大转折，对他今后的人生具有重大而深远的影响。

半个世纪后回顾这段往事，钱三强仍然觉得自己很幸运。他说："我参加了中法教育基金委员会的留法学生考试，考取了镭学名额，而且是到世界上原子科学研究最先进的机构之———巴黎大学居里实验室；指导我从事研究的导师，正好又是发现放射性元素的约里奥－居里夫妇。可以想象，这一切对于一个刚迈出学校大门、充满幻想的科学青年该是何等幸运！"

小时候，钱三强从各类书籍刊物上获知法兰西的美丽故事，故事中的法兰西人民热爱自由、热情奔放。如今他就站在这片土地上，在享有"花都"之称的法国巴黎，钱三强漫步在花团锦簇的大街上，恍若步入幻境。这里风景优美，有五彩缤纷的喷泉、郁郁葱葱的林荫大道、别具一格的建筑、精致的雕塑。塞纳河从城中穿过，旁边是碎石铺就的数千米河堤大道，成群的水鸟自由飞翔，落在游人的头上、肩上，不时发出阵阵鸣叫声。

协和广场平坦开阔，法兰西人民在这里把路易十六送上了断头台。这里原本是法国王朝大监狱巴士底狱，如今已被夷为平地，建成广场，自由女神铜像矗立在高大的石柱顶端，异常美丽壮观。

在巴黎郊外规模宏大的凡尔赛宫，500多间大殿小厅处处金碧辉煌，豪华非凡。细看宫中，路易十六皇后的豪华卧室向人们展示了法国封建统治者的奢侈生活。正宫前面是一座风格独特的法兰西式大花园。园内树木花草的栽植别具匠心，景色优美恬静，令人心旷神怡。站在正宫前极目远眺，玉带似的人工河上波光粼粼、帆影点点，两侧大树参天，郁郁葱葱，绿荫中女神雕塑亭亭而立。近处是两池碧波，沿池的铜雕塑丰姿多态，美不胜收。

游览了巴黎的著名景点后，钱三强在第一封家信中写到他对巴黎的初步印象，和全家人一起分享这份快乐。他在信中写道："巴黎，这座世界名城，像是镶嵌在塞纳河上的一颗明珠。一尘不染的街道，繁花似锦的广场，精美的雕塑，蓬勃向上的喷泉，风格各异的建筑群，饱含文化史迹的图书馆、博物馆……这一切都是西方古老文明和现代文明交相辉映的象征。"

钱三强很快适应了在法国的学习和生活。在伊莱娜的安排下，他住进巴黎大学的学生宿舍，每人一间屋子，每天的时间安排是上午8点上课，午餐一个小时，下午5点下课。

1937年10月25日，钱三强正式开始在居里实验室工作。此前他的主要任务是熟悉实验室的基本情况，并且一周上两次伊莱娜讲的放射学基础课，阅读伊莱娜指定的文献，参与交流讨论。

伊莱娜生活简朴，为人谦逊，少言寡语，不善交际，但是，只要有问题请教她，她总会放下自己的事情听对方讲述，并说出自己的看法和建议。钱三强对她的印象是，"表面上冷，其实内心热乎乎的"。伊莱娜的治学态度十分严谨，对科学研究要求也很严格，工作细致认真，实验室的工作台总要规规矩矩、干干净净，除了让别人清洗玻璃

第二章 在居里实验室

用具外，其他都是自己动手。

在她的指导下，钱三强开展了多种实验和研究工作。他每天早起去赶地铁，在实验室工作一天，回到宿舍后再整理资料，写实验报告。他穿梭于巴黎大学和法兰西学院之间，生活虽然平淡而略显枯燥，但他并没有感到厌倦，而是乐在其中。他面对的是有着无限吸引力的广阔的原子世界。在这个神秘的世界里，还有许多尚未开发的处女地，等待一代又一代核物理学家去发现、开垦。

从事核物理研究的科学家，常常被人称作"原子木乃伊"，通常要有很大勇气的人才会选择这一事业，因为核物理十分枯燥，令人望而生畏。但钱三强认为，原子科学很有魅力，微观世界蕴含着无限智慧。当然，追逐智慧时总是与痛苦相伴，其成果的取得需要经历漫长的过程。把枯燥的元素符号与有趣的科学实验紧密结合，是核物理学家常用的方法。

在居里实验室从事科学研究的青年来自世界各地，一个个精力充沛、才华横溢。钱三强因为在大学时代打下了扎实的基础理论功底，锻炼出较强的操作技能，所以在这个群体中表现优秀，深受好评。

要发现铀矿，首先要经过放射源的化学分析，才能用于实际操作。在这期间，钱三强还向另一位著名教授葛勒黛夫人学习钋的放射源制作。他认真细致地仿效葛勒黛夫人的方法开始工作，葛勒黛夫人时不时询问进展，并给予指导。钱三强一共做了四个放射样品,并在葛勒黛夫人的帮助下测试放射源的强度,结果是其中三个放射源的强度基本一样,有一个稍微弱一些,但也在误差范围之内。葛勒黛夫人对钱三强的工作给予肯定,并对他的勤奋与好学十分称道。这项技术的掌握,为钱三强后来回国工作打下了良好的基础。

1938年年初,钱三强开始准备博士论文,他的论文内容是用云雾室研究含氢物质在 α 粒子轰击下所产生的质子群。伊莱娜认为,这是目前核科学发展的前沿课题,也是原子物理学与化学的结合点,而且实验室里没有类似的研究课题,钱三强的成果可以很好地衔接之前的研究项目。

不过,钱三强对于这个研究课题知之甚少,一切都得从头开始。为了顺利完成毕业论文的写作,他又拿出以前在北京大学预科攻克英文时的劲头,全身心投入,虚心求教,不懂就问,同时积极主动地帮助实验室的同事做力所能及的事情。这使他在居里实验室赢得好人缘,大家对他的印象都很好。葛勒黛夫人当着钱三强的面对其他人说:"如果你们有什么事需要帮忙的话,可以找钱,他有很好的基础,又很乐于助人。"

2. 改建威尔逊云雾室

经过一段时间的了解，伊莱娜推荐钱三强到法兰西学院核化学实验室工作。这个核化学实验室由法国政府拨款建立，仪器设备齐全而先进，并且正在建欧洲大陆第一台回旋加速器。主持这个实验室工作的是让·弗雷德里克·约里奥－居里。

伊莱娜征求钱三强的意见："约里奥正在改建云雾室，你愿意去帮他的忙吗？如果愿意的话，博士论文可以从改建云雾室设备开始做，这对完成你的论文是必要的。"

这时的钱三强和约里奥并不熟，仅有过一面之缘。那次见面是因为伊莱娜邀请了居里实验室的几个年轻人到她家里做客，约里奥也参加了这次聚会。钱三强和约里奥－居里夫妇的儿子很快就熟络起来，钱三强还教他打乒乓球，约里奥站在一旁饶有兴致地观看，后来忍不住也拿起拍子学起来。

随后，约里奥请钱三强参观了他家里的工作室，并向钱三强了解中国遭受日本侵略的一些情况，他对中国人民的关心和同情，使钱三强心生感激。不过，约里奥也有些不解：为什么中国那么大的一个国家，在遭受邻国侵略时会陷入被动挨打的境地？中国政府为什么不号召人民起来反抗，把日本侵略者赶出中国？

约里奥是个非常典型的法国人，身材魁梧，性格热情奔放。他的乐趣是与人交谈，尤其喜欢与助手交谈。他很善于抒发自己的感情，不愿意把话闷在肚子里，是实验室里的活跃分子，这一点和伊莱娜正好相反。谈及科学工作，约里奥幽默地对钱三强说："原子核物理与原子核化学密不可分。我的原子核化学实验室与伊莱娜的实验室一直联系密切，所以我和伊莱娜在生活上分不开，工作上也分不开。"

约里奥异常热爱自己从事的核能研究，动手能力很强，能熟练操作车床，和市郊工厂的师傅们也很熟，完全没有大科学家的架子。钱三强这次与约里奥的谈话十分轻松愉快，他发现自己性格中的某些地方与约里奥有相似之处，这或许也是他们后来相处融洽的原因之一。

很快，钱三强在伊莱娜的安排下加入了约里奥的研究项目。约里奥简明扼要地向他介绍了工作内容："我想对威尔逊云雾室做两项改进：一项是改进充气压力，并使其可以人为调节，测量粒子的能量范围能够自由控制；另一项是使膨胀速度放慢，使有效灵敏时间延长，使每次实验得到尽可能多的粒子径迹数据。"

钱三强把约里奥的工作安排认真记录下来，同时开始考虑必要的细节。

"原来云雾室的有效灵敏时间是多少？"他问约里奥。

"0.1—0.2秒。时间太短了,实验受到的限制太大,所以要做改进。你先做准备,提出方案,我们讨论后一起做。改进成功后,你就以云雾室研究与质子的碰撞为题,完成你的博士论文的一部分。"

钱三强以前从来没有见过云雾室,如今要做改进云雾室的工作,需要查阅文献及查看现在的云雾室,对其原理、结构进行了解,一步步解决这个难题。

云雾室,也叫云室,是用来观察和拍摄带电粒子径迹的仪器,由苏格兰物理学家查尔斯·汤姆逊·里斯·威尔逊发明于1912年,威尔逊因此荣获1927年的诺贝尔物理学奖。从此,威尔逊云雾室成为研究原子核粒子径迹的基本设备。

钱三强后来回忆说:"我去时,他正在搞回旋加速器,这是欧洲第一台,战争中德国法西斯就想占有它。他自己设计云雾室,自己不断动手改造它。我去时,他又设计了一个新的,让我和他一起干。后来,又要我按他说的原理再设计一个。第一天,他整天都和我们一起干,把所有设备都拆下来,洗得干干净净。他告诉我们,设备里不能有任何一点脏东西。我们做的时候,他经常来看,动手调调,问问有什么问题。"

一天,约里奥问钱三强:"你会不会金工?"

钱三强说:"会一点儿。"

"那好,我带你去一趟工厂,以后你就可以自己去了。"

　　钱三强没想到自己在清华大学选修的金工课，居然在这里派上了用场。他们来到巴黎郊外的小工厂，约里奥见到那里的工人就像老朋友一样，用法国土语和他们打招呼，一边抽烟，一边拍着他们的肩膀，把画好的草图交给他们。工人师傅很快就按草图做好了，他又动手改了改。他对钱三强说："要完成实验室的工作，很重要的是要让工人感到合作，而不是受命工作。"他的话给钱三强留下深刻印象。

　　后来，钱三强就自行去工厂找工人做金加工。那天，钱三强正在组装云雾室的主要结构件，约里奥来了，惊讶地发现最难的金属底盘、金属网、金属丝都已加工完成。

　　"这些东西都是怎么制作出来的？都是你做的吗？"他问道。

　　"我画好图纸，到工厂去请金工师傅加工的，工人们很热心地帮助我。"钱三强答道。

　　"真有你的，钱！"

　　从此，约里奥更加欣赏钱三强，认为他不仅聪明，而且踏实能干，多次夸赞他。

　　1938年冬，钱三强顺利完成了云雾室的两项改进工作，而且效果明显，有效灵敏时间延长到0.5秒。约里奥兴奋地对钱三强说："你这个装好后放在居里实验室里。"

　　这项工作完成后，约里奥又让钱三强制作一个自动照相系统，以提高工作效率，同时避免或减少在实验过程中出现因配合不佳而漏掉观察的情况。这就要求自动照相系统要能自动卷片，能够自动记录瞬间出现的粒子径迹。钱三强钦佩约里奥敏锐的思维和新颖的想法，不久，他以卓越的创造力制造出一个能自动卷片的照相系统。

约里奥把改建后的云雾室称为"可变压力威尔逊云雾室"，它作为实验室的基本设备之一，在实验中发挥了重要作用。1939年年初，约里奥在实验中利用"可变压力威尔逊云雾室"成功记录到铀受中子轰击时产生裂变碎片的径迹，这是世界上第一张用云雾室拍到的裂变照片。2月20日，这张照片被刊登在法国国家科学研究院的《周报》上。后来，这个云雾室被收藏于巴黎的居里与约里奥-居里博物馆，文字说明为"法兰西学院内由钱三强改建的威尔逊云雾室（1938年）"。

约里奥时常与钱三强平等地探讨工作中遇到的疑难问题。他们两人还经常身着工作服，一起上机床加工零部件。约里奥称赞钱三强："法国大学生只有笔上成绩，而来自中国的你则同时具有实际的工作能力。"

钱三强与约里奥合作得非常愉快和默契。他的博士论文的实验部分做得很好，即使偶尔发生一些小失误，约里奥也总能宽容对待。

一个初春的下午，钱三强帮约里奥冲洗实验照片。这几张照片非常重要，约里奥希望借由它们得出新的成果。

他们在暗室里谈笑风生，兴奋不已。就在这时，发生了一件意想不到的事情，钱三强把显影液和定影液的位置放颠倒了，导致几张照片全部作废，这也意味着他们的实验成果"泡汤"了。

约里奥惋惜不已，长叹了口气。钱三强苦恼地自责道："白做了这么多天！都怪我不好，实在不应该出现这样的错误！"约里奥反而平静地安慰他："这样的事我也做过。越是重要的工作，越容易出错，下次注意就好了。别灰心，明天咱们从头再来。"

事后，约里奥总结经验，告诫钱三强："每次做实验前，一定要做好准备，安排好程序。在开头有个全面设想，想到可能出现的意外和失败。如果工作中没有遇到任何困难，那么人们的生活就会失去乐趣。没有遇上困难，取得的成绩越多，那么将来做出创造性成果的可能性就越少。"

3. 亲历核裂变的发现

20 世纪 30 年代被称为核物理学发展的黄金时代。神奇的核裂变现象吸引了全世界物理学家的目光，一场科学竞赛在这一领域悄然展开，人类也因此迎来一次次重大的科学发现。钱三强可谓是上天眷顾的幸运儿，恰好赶上了这场科学竞赛。

中子和人工放射性分别于 1932 年和 1934 年被发现，它们的发现促使原子核科学的发展进入了崭新的阶段。中子被发现后不久，原子核由中子和质子构成的假设被普遍接受。意大利物理学家恩利克·费米猜想，过去轰击原子核都用带电的粒子，中子不带电，与原子核没有静电排斥力，用它轰击原子核效果可能会好些；慢中子波长略长，效果会更好；原子核被打击后，可能产生人工放射性，那么探测它就更容易了。

1934 年，费米和几位研究实验物理与化学的同事合作，用慢中子轰击了几十种元素，证明每种元素被慢中子轰击后都改变了原子核性质，变成有放射性的原子核，并找到一个普遍规律——每种元素若只有一种同位素，则只能找到一种有放射性的核；若有两种同位素，就能找到两种有放射性的核，也就是说，放射性核的品种由同位素的数目决定。

1935 年年初，费米团队公布了这一创造性的研究成果：一是被中子轰击的金属靶的放射性增加了很多；二是发现在轰击金属中最重的元素铀时，可能产生新的所谓人工超铀元素。由于实验结果很复杂，测得了几种半衰期不同的核素，他们没有鉴定就宣布获得了超铀元素。后来的研究表明，他们获得的几种半衰期不同的放射性核素实际上是铀核分裂后产生的碎片，但这也拉开了用中子轰击原子核的序幕。

这些最新的研究成果引起了伊莱娜和德国科学家奥托·哈恩的注意。他们都是经验丰富的放射化学家，和费米团队中的化学家相比，他们对放射性实验更为熟练。他们重复了这些实验，并且进一步研究这些新物质的放射性质和化学性质。最后，伊莱娜与她的助手、南斯拉夫物理学家保罗·萨维奇合作，发现中子轰击铀或钍后，能产生出同一种化学性质类似镧（第57号元素）的放射性物质，它放射出β射线，半衰期为3.5小时。

1938年秋，伊莱娜公布了她们的研究结果。但是，哈恩认为这和自己的设想不一致，他曾设想铀吸收中子后放射出来的新元素应该是重元素附近的元素。实际上，他也受到了费米团队"超铀元素"设想的束缚，所以，他认为伊莱娜的结果是错误的。

哈恩和伊莱娜的母亲居里夫人是同辈人，他摆出长辈的架势，用责备的口吻训诫："约里奥－居里夫人还指靠从光荣的母亲那里得到的化学知识，这对于我们今天来说，是很不够的。"他给居里实验室写了一封信，建议他们更细致地重复做实验，但是他没有得到回信。

后来，伊莱娜团队又发表了一篇文章，哈恩的助手弗里茨·斯特拉斯曼细读后，马上明白居里实验室没有犯什么错误，他激动地跑上楼去，对哈恩说："你一定要读一读这篇报道。"

哈恩不动声色地喷出他的雪茄烟雾，说："我对这位

第二章　在居里实验室

有交情的夫人最近写的东西不感兴趣。"

斯特拉斯曼急切地向他叙述了文章中的重要部分内容，哈恩一听，连忙把冒着烟的雪茄放在烟缸上，往实验室跑去。经过几个星期连续不断的工作，他们用最严格的化学程序把伊莱娜的实验检验了一遍，证明伊莱娜是对的！

但是，伊莱娜在分析轰击产生的放射性物质时，虽然发现一种半衰期为3.5小时的放射性核素，化学性质与57号元素镧相似，但在理论上却找不出正确的解释。事实上，她距离发现核裂变只有一步之遥！

当时，钱三强正在居里实验室工作，他清楚地记得，在1938年暑假后第一次学术讨论会上，伊莱娜幽默地笑着说："我今天讲的问题，我相信你们开始听了可能还清楚，听完以后可能和我一样，反而糊涂起来。"原来，她受到费米团队"超铀元素"设想的影响，认为中子轰击铀和钍后，生成的放射性物质应该是原子序号较高的重元素。但是，她实验的结果却不然，生成的放射性物质始终与镧在一起，不与铜在一起，而镧在周期表上的原子序号比铀和钍还低，不是重元素。她不禁茫然，不过，她还是坚持说："这个东西就是镧，或者说非常像镧。"

钱三强在回忆当时的情景时，深深感叹道："我当时知识积累很不够，处于这样一个伟大的科学发展阶段，自己眼睛不亮，没能学到更多东西。其实，出现了矛盾，一个伟大的科学发现即将到来。"

1938年12月22日,哈恩和他的助手斯特拉斯曼发表了他们划时代的文章,文章中说:"我们得出了结论,我们的放射性同位素具有钡的特性。作为研究化学的人,我们应该肯定,这个新物质不是镭,而是钡。"哈恩把新成果迅速告知在瑞典的老合作伙伴莉丝·梅特纳。

莉丝·梅特纳与她的外甥奥托·弗里希讨论了这一实验:原来是一个重原子核分裂成两块,这样就会形成两个中等质量的原子核(后来被称为"碎片")。她认定:"看来,是原子核分裂了。"根据原子核物理的基本知识,他们立刻判断出,原子核分裂成两块时,应该释放出高达200兆电子伏的能量。弗里希很快用电离室观察到裂变碎片巨大能量引起的高辐射脉冲信号,证实了这一推断。1939年2月,他们在《自然》杂志上发表文章,肯定这种现象为核分裂现象,仿照生物学中细胞分裂的概念,这个新现象被叫作"原子核裂变"。

而哈恩因发现原子核裂变现象而获得1944年诺贝尔化学奖。发现铀受中子打击后所产生的裂变反应,标志着人类从此进入了原子能时代。

刚刚踏上科学征程的钱三强,亲眼见证了科学史上的这个重大发现。虽然他当时没能亲自参加发现核裂变的工作,但是,这一事件对他了解科学工作的规律、拓展自己的科学眼光起到重要作用。后来谈起核裂变发现的过程,他深深感叹道:"重大的科学工作总是一个集体性的工作,要走许多曲折的道路，需要许多国家的科学家们传承下去，把科学工作向前推进。成功的结果需要不成功的尝试。因此，过去不成功的经验结合自身的努力，才能够到达最后的成功。"

在核裂变发现不久，钱三强有幸参加了一项验证核裂变概念的研究工作。就在他跟约里奥组建新的云雾室时，伊莱娜突然来了，她对钱三强说："设备装得怎么样，差不多了吧？愿不愿意跟我合作一个项目？"钱三强兴奋极了，当即答道："当然愿意！"

伊莱娜描述自己的想法："经过近一个月的实验，证明核裂变确实存在，但我们还可以再进一步证明核裂变的思想。"接着，她交代钱三强："我来做放射源，你负责测量和统计工作。"

伊莱娜用化学方法提炼了两个从铀和钍受中子轰击后半衰期为 3.5 小时的镧的放射源，让钱三强先后在他装置的云雾室中观察与测量 β 射线的能谱，从能谱分布情况来看，两者是否等同。如果是，就证明镧的裂变的一种方式与钍的裂变的另一种方式，可以得到同一裂变物质，更加证明裂变概念的正确性。

1939 年，在伊莱娜的指导下，钱三强做了验证核裂变的一系列完整实验。伊莱娜做放射源，钱三强用自己设计并制造的照相系统拍照，并作观察分析。

1 月的一天，正在钱三强对面的实验室里做实验的约里奥突然激动地叫起来:"钱,快来看!"钱三强急忙跑过去,只见约里奥手中拿着刚冲洗出来还没有干的胶片,兴奋地指着上面的图像说:"你看,果然是这样!"

这张照片上显示了直接用自动照相系统拍下的铀受中子轰击时产生的裂变碎片。这是世界上第一张直接显示裂变现象的照片。看到这样的裂变现象,钱三强比看到人间任何美丽壮观的景象都激动。

经过大约三个星期的紧张工作,钱三强将测量统计的素材汇总成一份报告,交给伊莱娜。伊莱娜就此写了一篇由他们联合署名的文章。文章最后写道:"人们看到,在实验误差范围内,铀与钍受中子轰击后提炼出来的半衰期为3.5小时的放射性同位素的 β 射线谱是等同的,很可能它涉及在两种情况下得到同一种放射性同位素。"在精细的操作下,实验成果已经成为现实,而伊莱娜还要声明"在实验误差范围内"这样的前提。她严谨的科学作风和朴实无华的语言风格,给钱三强树立了榜样。

后来谈到与伊莱娜这次愉快的合作经历,钱三强感慨道:"我刚到法国两年,就很幸运地参加了一项具有重要意义的研究工作。我在这项工作中初步懂得了怎么做科学研究工作,意识到导师和实验室传统与环境的重要性。更认识到,我的研究工作刚刚迈出第一步,以后还有很长的路要走,今后要多在学习、合作、积累上努力。"

实验成功后,钱三强见到他在巴黎大学郎之万实验室攻读博士学位的好友汪德昭①时，兴奋地说："我亲爱的德昭，你知道核裂变释放的能量有多么重要的意义吗？假如有一天这种能量被用来为人类服务，那该是多么好的事情啊！"

汪德昭却没有那么兴奋，他很冷静地说："你有没有想过，如果这种能量有一天被人类用来制造武器，那后果将不堪设想！"他的话果然在第二次世界大战后期应验了。

4. 海外游子的家国情

1937年圣诞节，第二场暴风雪席卷法国，天空布满乌云，大雪纷飞。这一天，钱三强全身像散了架似的，离开实验室后，他拖着疲惫的身躯走进地铁，在空荡荡的地铁车厢里困乏地闭着眼睛，蜷缩在一角。此时，他内心困惑重重：科学十分冷酷，它时而居高临下，看着你身心疲惫地向它奔去；时而又平易近人，甘愿俯身于勇敢登攀者的脚下，献上它最珍贵的礼物。

出了地铁，他走在冰天雪地的巴黎大街上，突然看见一个衣衫褴褛的小女孩久久地凝视着橱窗里摆放着的各类

---

① 中国著名物理学家、大气电学家、中国水声事业的奠基人、中国科学院院士。

食品。看到这样的情景，他不禁想起雨果笔下的《悲惨世界》，那个可怜的冉·阿让，为了给姐姐饥饿的孩子一块面包，在夜晚用拳头砸开一家面包店的窗户，结果在狱中度过了 19 年。

想到这里，他走进商店，买了一块面包送给那个女孩，并对她说："这是给你的圣诞礼物，拿着吧！"小女孩又惊又喜地望着他，连连问他是不是圣诞老人。他摆摆手，若有所思地走开。他想到自己做的只是一件微不足道的事情——在圣诞节为一个饥寒交迫的小女孩送上一块面包。他想起父亲对自己的教诲："不要小看微不足道的事情，多给予弱者，多安慰苦难者，多鼓励遭受挫折的人。这些看来微不足道的举动，有时却会给他人带来温暖。"

钱三强在大街上买了几份报纸回到宿舍阅读，看到一份中文报纸上有一篇《历史上罕见的大悲剧》的报道，文中写道："12 月 13 日，日军在下关草鞋峡屠杀市民和俘虏 57 000 人，连 3 岁的娃娃、70 岁的老人也不肯放过。妇女被轮奸后枪杀达 2 万余人。灭绝人性的日寇，以杀人为乐，杀人当儿戏，杀人作比赛……南京一地，30 万同胞倒在血泊中……这是历史上罕见的惨绝人寰的悲剧……"报纸上还有一张照片，两个十来岁的孩子被绑在树桩上，两个日本兵端着刺刀向前刺去。这就是被称为"南京大屠杀"的惨案！看到这里，钱三强拍案而起、义愤填膺，日本侵略者的罪恶行径让他痛恨不已。同时，他也担心起自己的父

第二章 在居里实验室

母：北平、上海、南京都已经被日军占领，他们经得起这样的惊吓吗？

苦闷、思念、焦虑、彷徨深深地困扰着钱三强。身在异国，在这样特别的日子，他想家了，想念父母和家人，不知道他们现在境况如何，在日寇的铁蹄下正遭受怎样的磨难。一种挥之不去的忧伤涌上心头。此前他一连写了几封信，但都未见回音。于是，他又写了一封信给孔德学校的老校友，不久收到回信说，他的父亲"右目患网膜炎，每见光亮就头晕目眩。1月20日忽觉精神疲惫，伏案一小时，头重、心悸、手颤，暂时不能用脑"。

在巴黎的中国留学生也在传北平的消息。有人传言钱玄同已病魔缠身，闭门不出。日军在北平到处散发传单，宣传"日军是中国人唯一的真朋友，日军将保护善良的中国人"。据说有些势利小人贪图一时安乐，当了汉奸。他们知道钱玄同是在北京文化界很有号召力、影响力的著名学者、大学教授，所以更加卖力地对他进行拉拢劝诱。还有人说钱玄同突然疯了，说话颠三倒四，别人跟他说什么都好像没听见似的，要么就答非所问，有时家里的花瓶也被他砸得粉碎。

钱三强知道父亲热爱祖国、热爱自由，现在他因病被困在敌占区，不能自由地表达，怎么能受得了！但父亲真的发疯了吗？钱三强越想越不安，接连写了几封信询问家中情况。终于，家书寄来了。他激动地拆开信封，一眼就认出那是父亲潇洒秀逸的笔迹，内心瞬时安宁下来，而且还感到格外亲切。

在信的开头，钱玄同简述之前的三封信都已收到，托人转来的问候也已获悉。至于自己的身体，钱玄同写道：

我身体尚安，唯精神日渐衰老。3年久病，血压日高。11月中，请德国医院及日华同仁医院两处检查，均云血压最高时至215，较低而头脑较舒服时则195。两处医生均嘱咐，屏除一切事务，绝对静养。最于病体有妨碍者，为受惊与发怒。为慑生计，已遵照医嘱，谢绝一切应酬，杜门不出，安心养病。偶有老友来访，必先告以只谈风月，或商量旧学，万勿以不相干之事相聒。欲期病体康复，不得不如此也。

在信的结尾，钱玄同为钱三强题了八个大字：学以致用，报效祖国。钱三强暗自庆幸父亲的头脑依然非常清醒。这封家信使他那颗悬着的心总算落下来了。在以后的日子里，由于战乱和父亲多病，加上钱三强的实验愈加繁忙，双方的书信逐渐变少。

1938年7月14日是法国国庆日，上午伊莱娜和学生一同观看了阅兵式，场面非常壮观。身着路易时代服装的仪仗队，蓄着拿破仑式胡须的龙骑兵，随风飘舞的三色旗，天上呼啸的飞行表演，地上隆隆驶过的坦克，响彻云霄的

《马赛曲》……这些都令钱三强大开眼界。

此时此刻,看到法国民众激情昂扬地高唱法国国歌,他默默问自己:怎样才能挽救祖国于危亡之中呢?他脑海中浮现出命途多舛的祖国,"九一八"事变后沦陷的东北三省,被侵占的上海,还有广阔的华北平原……想着想着,他不禁热泪盈眶。

下午,约里奥-居里夫妇邀请钱三强和另外几个学生到家中做客。他们家的院子里郁郁葱葱,鸟语花香。在铺着鹅卵石的小路上,在草坪上,在喷水池畔,到处都能看到鸽子,它们悠闲地散着步,"咕咕咕"地自言自语。看到这一切,钱三强又想起北京琉璃厂附近他和父母居住的那个绿树成荫、花香四溢的四合院。由于思念亲人、思念故乡,他有些沉默。伊莱娜见状,热情地邀请钱三强跳舞,努力活跃气氛。

约里奥-居里夫妇经常在自家后花园的网球场上打网球。这一天,钱三强向约里奥学习打网球,两人还打了乒乓球,师生感情非常融洽。

约里奥-居里夫妇心地善良,同情贫苦的劳动人民。伊莱娜话语不多,但她非常富有同情心和诗意的激情。约里奥的性格恰恰相反,他热情、机敏、活泼、乐观而又非常刚毅。他痛恨日寇侵略中国的行径,同情中国人民遭受的苦难,义愤填膺地抨击法西斯主义。这两位老师对中国人民的同情,让钱三强更加尊敬和爱戴他们。他知道,报答他们的唯一方式就是做好研究工作，这也是将来报效祖国的方式。所以，他默默地将对日本侵略者的痛恨压在心底，将其化作努力工作的动力。约里奥看出这一点，他说："钱，你要乐观一点。在正义的中国抗日战争中，虽然中国人民要遭受苦难，但一定会取得最后的胜利。"

1939年1月初，钱三强的大哥钱秉雄从北京来信，信中称："我与你大嫂在湖州岳父家一住半年不得回京，最近才与你大嫂一同返回父母身边。家人团聚使爸爸的心情略有放宽，病情也有好转。妈妈忙着做年饭，心情也显宽慰……"读了哥哥的来信，钱三强很开心，可他又一想，父亲"病情也有好转"一句，不正说明父亲的病情原本很重吗？大哥大嫂于寒冬腊月从南方赶回北方，不也说明父亲的情况不太乐观吗？想到这里，他产生了一种不祥的预感。

果不其然，1939年1月底，也就是春节前，钱三强收到钱秉雄的一封加急信件，信中写道："1月17日，父亲从南屋走到北屋预备吃饭。他一边谈笑一边走，忽觉头晕，便躺在床上。一会儿，口角流出痰沫，已不能说话了。急送德国医院，医生诊断为右脑溢血，一再注射药品，仍不得清醒。9时三刻，停止呼吸，终年52岁。三强，当你看到这封信时，我们已经是没有父亲的孩子了……"

读到这里，钱三强的泪水夺眶而出。他强忍着将信读完后，真想痛痛快快地大哭一场。自日寇入侵，校园不再平静，钱玄同不再教书，家中失去经济来源，贫困加上忧虑，父亲的生命终于被夺走了。两年前的离别竟成了诀别。

钱玄同晚年因国事蜩螗，外寇侵凌，常满腔孤愤，抑郁难语，"魂忽忽若有之，出不知其所往"。自热河沦陷后，他约有三个月光景谢绝饮宴。"九一八"事变发生后，曾经留日的钱玄同当即与日本故交断绝交往。1933年，日寇侵入华北。同年5月，钱玄同为中华民国华北军第七军团第五十九军抗日战死将士的墓碑书写碑文。

1936年，钱玄同和北平文化界知名人士联名提出抗日救国七条要求。1937年1月，钱玄同为解决李大钊子女生活困窘的问题，抱病四处奔波。"七七"事变之后，日本侵华战争全面爆发。日寇占领北平，北平师范大学（即原北京高等师范学校）西迁，钱玄同因身体虚弱，不能随迁而成为留守者。坚守故园的他在给远在西北的好友黎锦熙的信中表示："钱玄同决不'污伪命'。"原来，在北平沦陷以前，他认为凡去伪满和冀东伪组织求职和授课的都叫"污伪命"。次年，他又对北平师范大学秘书汪如川说："请转告诸友放心，钱某决不做汉奸！"同时他复名为钱夏，表示是"夏"而非"夷"，决不做敌伪的"顺民"。

钱玄同逝世后，当时的进步刊物《文献》发表《悼钱玄同先生》一文，对他给予高度评价："壮年以斗士领导青年，中年以学者努力学术，晚年以义士保持名节，钱先生是对得起自己，对得起国家民族的一位完人；在中国学术思想史上是现代转变期的代表人物。"

5. 与战争"赛跑"的论文答辩

1939年3月，在德国的强大攻势下，奥地利、捷克斯洛伐克先后沦陷，法国的处境岌岌可危。此时钱三强正处于完成博士论文的关键时刻，需要进行全面总结、计算和撰写报告。为了抓紧完成所有工作，他放弃节假日休息，每天都在巴黎大学和法兰西学院做实验，谢绝一切应酬聚会。

4月24日，钱三强把前段时间的实验写成一篇论文概要交给伊莱娜，伊莱娜审阅后直接推荐给《法国国家科学研究院公报》，以简报的形式发表。

就在钱三强争分夺秒地做实验时，这年7月，钱三强清华大学同班同学王大珩从伦敦写信给钱三强，说他和彭桓武、夏震寰、卢焕章四人打算乘暑假的机会到欧洲大陆看一看，第一站便是法国巴黎。

自从到法国留学后，钱三强和王大珩还没有联系过。王大珩在清华大学的毕业论文选的是光谱学方面的课题，后又在赵忠尧的指导下专攻原子物理。1938年，他顺利考取留英公费生，赴英国帝国理工学院攻读应用光学。

第二章 在居里实验室

彭桓武也毕业于清华大学物理系，比钱三强高一级。钱三强和他虽然不太熟悉，但因为在清华大学的一件小事，对他的印象颇为深刻。那是1935年上半年，清华大学组织学生进行军训，钱三强恰好和彭桓武分在一个班。一天晚上，他们出去巡逻，风云突变，电闪雷鸣，闪电刚刚划过天际，彭桓武抬起手看了看表，说出了雷声响起的准确时间。这让一起巡逻的同学感到十分震惊和佩服。毕业后，彭桓武考上了周培源的研究生，用广义相对论的电磁波方程求光强。1938年，时年23岁的彭桓武考取中英庚款留学资格，来到爱丁堡大学学习理论物理，成为德国理论物理学家、量子力学的奠基人之一马克斯·玻恩的第一个中国学生。玻恩曾在信中向爱因斯坦这样称赞这位爱徒："中国人彭桓武尤其聪明能干，他总是懂得比别人多，懂得比别人快。"后来玻恩还把彭桓武推荐到爱尔兰都柏林高等研究所，师从世界著名物理学家薛定谔。

几个老同学在巴黎见面后分外高兴，尤其是彭桓武，见到巴黎的太阳就像见到亲人一样，兴奋不已。原来，他在"终年不见太阳的爱丁堡"得了一种怪病，一坐到饭桌前就胃口全无，但是不吃又饿得慌。经过医生检查和诊断，最后确定采用食疗方案，补充维生素E，但是效果并不好。他这次来法国的目的之一，就是晒太阳治病。事实证明，晒太阳确实有效，这次旅行彻底治好了他的怪病。

王大珩等人还打算去一趟德国，并且已经通知了正在柏林的同学何泽慧。他们极力劝说钱三强也一起去，钱三强也想去看看一别三年没有见面的何泽慧，但是他想到手头的实验还没有做完，而且从当时的形势来看，德法之间的战争已经难以避免，一旦开战，交通便会中断，不仅回不了巴黎，人身安全也无法保证，所以他决定留在巴黎。法国这边如有战事，他还可以随时通知何泽慧转告王大珩等人立即返回。

1939年8月，德国和苏联签订了《苏德互不侵犯条约》和《秘密补充协定书》，这大大出乎人们的意料，法国人惊呼德法之战即将爆发，钱三强赶紧给在柏林的何泽慧发了一封电报："见电速回。"不过，德国的社会氛围却完全不一样，人们认为战争一时打不起来，所以王大珩等人打算多玩几天，但他们看了钱三强发来的电报后，还是决定赶紧返回英国。等他们来到火车站，才发现形势紧迫，车站里人山人海，都是去赶大战前最后一趟开往伦敦的班轮。坐上火车后，他们很感激钱三强的电报，使他们躲过了一场巨大的灾难。

此时，战争形势发生了巨大变化。1939年9月1日，德国进攻波兰。9月3日，英法联合对德宣战，第二次世界大战全面爆发。

钱三强开始与战争"赛跑"，他要赶在战火燃烧到法国之前拿到博士学位。1940年1月，他的实验研究工作全部结束，论文也根据伊莱娜的意见进行了修改，伊莱娜将

第二章 在居里实验室

他的论文推荐到法国物理学会的《物理学与镭学学报》发表。论文的题目是"含氢物质在 Po-α 粒子轰击下所产生的质子群",共有 20 多页,分成两部分发表。同时,钱三强还把论文提交给法国国家科学研究院,申请评审答辩。

法国国家科学研究院接到申请后,组成论文评审委员会,委员会主席是安德烈·德拜耳尼。德拜耳尼是法国著名放射化学家、锕的发现者,一直致力于锕系放射性研究。他与老居里夫妇是亲密的合作伙伴,并在居里夫人去世后接任居里实验室主任。他与伊莱娜通力合作,证明了锕的一种衰变载体 Ack 其实就是元素表里的第 87 号元素,为了表达爱国之情,他们把这种元素命名为"钫"(Francium,即"法国素")。

评审专家还包括钱三强的导师伊莱娜、巴黎大学教授奥热,他们都是法国核科学领域的权威科学家,后来被法国总统戴高乐(兼原子能委员会主席)任命为法国原子能总署专员。钱三强的另一位博士论文指导者约里奥,是法国原子能总署唯一的高级专员,也是法国原子核科学技术的总负责人。

1940 年 4 月 11 日,评审委员会举行答辩会,会上除了钱三强进行答辩外,伊莱娜还作为钱三强的导师并代表约里奥对钱三强的工作精神作了介绍,赞扬钱三强勤奋、热情,具有领悟科学的天赋。钱三强的博士论文通过后,由法国国家科学研究院印刷刊行。

钱三强顺利获得博士学位，此时离他的公费留学资助到期还有几个月的时间。此时战争正在激烈地进行着，但是流传的各种消息都比较乐观，认为英法军队有能力抵抗德军，战争一时间还打不到法国来，所以钱三强打算在法国再待一段时间，争取多学点前沿知识再回国。

然而，1940年，德军在西线发动了闪电战，4月攻打丹麦和挪威，5月占领卢森堡、比利时、荷兰。仅仅一个多月，德军已抵达英吉利海峡沿岸，将英法联军截断，对法国展开了大规模进攻。6月，德军出动140多个师和数千架飞机，从法国北部的阿布维尔到莱茵河上游展开进攻。法军几乎毫无抵抗能力，因为其精锐部队在比利时战场上几乎损失殆尽，眼下只能集中五六个师进行防御。结果可想而知，在德军凶猛快速的攻势下，法军寡不敌众，节节败退。1940年夏，德军占领了法国北部，巴黎危在旦夕……

第三章 战火纷飞的日子

德军占领巴黎，钱三强在约里奥的实验室继续研究工作，并暗中支持约里奥开展抵抗活动。一个偶然的机会，他和清华大学同窗何泽慧建立了联系。他们结为夫妻，一同在居里实验室工作，并发现了原子核三分裂、四分裂现象，引起了原子核物理学界的高度关注，他们也因此被誉为"中国的居里夫妇"。

1. 巴黎逃难记

　　1940年6月10日，法国政府撤出巴黎，宣布巴黎为不设防城市。巴黎随即陷入混乱之中，到处是德军飞机撒的传单，大楼的玻璃门窗有的用油漆涂成蓝色或黑色，有的贴上了胶布条。火车站挤满了人，成群结队逃难的小学生，身上缝着写有自己名字和去往目的地的标签。
　　面对混乱的情形，钱三强一时不知道该怎么办，于是来到居里实验室了解情况。他的同事庞德科沃看见他后有些吃惊，告诉他实验室的人都走了，让他也赶紧逃往法国南方，要是被德国人抓住可就不妙了，会被抓去挖战壕。钱三强听了不敢耽搁，连忙回到住处简单收拾了一下行李，然后找来一辆自行车，跟随避难的人群匆匆南逃。一路上，敌机不时开枪射击逃难的人群，所以一看到敌机出现，大家便四下散开，躲藏起来，等敌机飞走后再重新会合，继

第三章 战火纷飞的日子

续向南奔逃。

一天晚上,钱三强跟随逃难的人群来到一所空荡荡的大房子里,准备在这里休息一晚。他们好不容易睡了个安稳觉,第二天醒来,发现这里原来是军营,他们害怕又遭到敌机轰炸,赶紧离开那里。几天过去,大家带的食物渐渐吃完了,饿得头晕眼花,几乎没有力气再往前走。钱三强也和大家一样饥肠辘辘,他只好到路边的地里拔点胡萝卜充饥,遇到有人家时则上门讨些食物,一路上历尽千辛万苦。

快到奥丽阳大桥时,钱三强碰上以前只闻其名而不熟识的清华大学师兄张德禄。战乱时节在他乡遇校友,真是不幸中之大幸。张德禄18岁赴法学习应用物理,眼下正在法国一家军工厂里工作,这次他和两位法国工人奉命撤退南下。于是,钱三强便与他们结伴同行。可当他们准备通过奥丽阳大桥时,一位守桥的法国士兵误以为钱三强和张德禄是日本人,拿枪指着他们不让通行,这时恰好有德军飞机实施轰炸,法国士兵就命令他们待在原地不许动,幸好他们躲过一劫,没有受伤。德机飞走后,张德禄拿出通行证给法国士兵看,两人这才顺利通过了大桥。

又走了两天,他们在夜晚来到一个小镇,找到一间铺着麦草的房子,便放心地睡下了。半夜忽然传来坦克的隆隆声,他们以为是法国军队开往前线作战。然而出门一看,小镇上到处悬挂着纳粹旗,事实和他们想的恰恰相反,是德军的坦克开过来了！德军用坦克挡在难民前面，喝令他们回巴黎去。他们四人只好躲到一个僻静的地方商量下一步的计划。他们猜测法国南方可能也被德军占领了，看来只能再返回巴黎。于是，他们登上一列挤满难民的火车，回到了已经被德军占领的巴黎。

这段与死神擦肩而过的逃亡生活，令钱三强终生难忘。后来他回忆说："我的论文刚通过不到两个月，德军占领了法国，为了不替德国军队挖壕沟，我曾与法国人民一起徒步逃难十余日，最后还是被德军追上，被迫回到巴黎。一路上饱受饥饿与轰炸的滋味，思想上对人生起了一些轻视的看法，觉得死是那么容易……"

巴黎于6月14日陷落，仅仅六周后，法国战败。6月17日，法军元帅贝当命令法军投降。这位在第一次世界大战中扬名的元帅说："为了减轻法国人民的忧愁，除向德国放下武器外，别无他法。"但是，这个屈辱的日子仅过了一天，当时并不出名的戴高乐将军就向法国人民发出号召："无论发生什么事，法国抵抗的火焰不能熄灭，也绝不会熄灭。"戴高乐将军高高举起自由法国的大旗，领导法国人民开展抵抗运动。

当疲惫不堪、满身尘土的钱三强走出巴黎火车站后，发现大街上到处可见德国士兵和德国汽车，凯旋门和埃菲尔铁塔上也悬挂着纳粹旗帜。钱三强痛苦地在大街上徘徊。日寇正在侵略自己的祖国，来法国求学又赶上德国法西斯

第三章 战火纷飞的日子

发动战争,世界那么大,竟没有他的容身之地。眼看3年公费资助已到期,而他的工作还没有着落,在巴黎又没有可以投靠的人,他手头日渐拮据,可以说已经到了山穷水尽。

到1940年8月,钱三强才摆脱了困境。当时他的公费资助已经到期停止,有一天,他在巴黎的一条小路上突然遇到约里奥,没想到约里奥也没有走,还留在沦陷的巴黎。师生二人意外相逢,心情都格外激动。他们找到一个安静的咖啡馆,坐下来谈起各自在战乱中的经历。

钱三强在谈话中得知,约里奥-居里夫妇乘车逃离巴黎后,正准备登船去英国,突然听到戴高乐的号召。约里奥相信,法国人一定能重新站起来,实验室的工作应该继续下去,他应该留下来。于是,他们冒着巨大的危险重新回到巴黎。

约里奥知道钱三强目前的处境后,十分同情,当即邀请钱三强到他的实验室工作,他说:"到实验室来吧!只要实验室还开着,我们还能工作,就总能设法给你安排。只要我们有饭吃,你就不会饿肚子。"约里奥的话就像三月的春风吹拂,使钱三强内心生出阵阵暖意,感激的心情无以言表。

更出乎他意料是,1940年10月,居里实验室批给他"居里-卡内基奖学金",这个奖学金是居里夫人用美国慈善家安德鲁·卡内基的一笔捐赠款设立的。当时居里夫人的生活陷入困境，前一年，她的丈夫皮埃尔·居里去世了。越来越多的年轻人希望成为这位科学巨擘的学生，但以居里夫人的经济能力，她根本无法接纳这么多学生。安德鲁·卡内基得知此事后，立刻给居里夫人寄来一大笔钱，供她培养学生使用。居里夫人便使用这笔钱设立了"居里－卡内基奖学金"，以"使一些成绩斐然和有研究才能的学者不会中断研究，从而完成他们的志愿"。现在的奖学金主持者是伊莱娜，她认为授予钱三强奖学金完全符合母亲立下的宗旨。对钱三强来说，这份奖学金既是一种荣誉，还可以让他独立进行科学研究工作，同时也帮助他解决了温饱问题。

2. 与德国人巧妙周旋

约里奥实验室的重要性，德国人显然十分了解。德国派驻巴黎的机构中有几位物理学家，有的曾在约里奥的指导下做过研究工作，所以实验室没有遭到破坏，可以继续开展研究。但是，研究工作必须有德国人参与，必须在德国人的监督下进行。双方达成协议：法兰西学院在建的回旋加速器抓紧建完，约里奥的实验室接收4名德国研究人员；而约里奥则得到德国人出具的一份书面保证——他仍然是实验室的主任，实验室只进行基本的非军事研究，任何时间进行的任何工作都要向他报告，归他指挥。

德国人如此"宽待"约里奥-居里夫妇，其实是看中了在建的回旋加速器和约里奥掌握的核裂变成果，这些都是德国研制原子弹急需的。

一天，德国将军埃里希·舒曼（柏林大学军事物理学家，著名作曲家舒曼的后裔）正式约见了约里奥，地点在约里奥的实验室。刚刚回到实验室的钱三强和其他工作人员，也被召集到一起听舒曼讲话。对于当时的情形，一位英国传记作家这样描述道："舒曼将军以最令人作呕的措辞说，他十分欣赏约里奥进行的伟大工作，他希望他们为了科学保证共同前进，并希望每个人都愿意有一个富有成果的合作时期。然后德国人到了约里奥的私室，气氛骤然改变：德国人露出了粗暴、露骨、蛮横的一面。"

谈话时，实验里只有约里奥、舒曼以及德国翻译根特纳在场。从后来公开的谈话记录来看，这次谈话更像是舒曼对约里奥的审问。

舒曼一开口就质问道："这里的重水堆弄到哪里去了？"

约里奥平静地答道："在波尔多装到了一艘英国船上。"

"那你们的铀呢？"

"军备部把它收走了。"

"之后送到了哪里？"

"不知道，没有人告诉我。"

"你是说你不知道铀被送到了哪里？"

"是的。"

"就算其他人不知道，你肯定知道。"

"我真的不知道。"

约里奥当然知道一部分铀藏在图卢兹附近，另一部分纯度不高的铀则藏在伊夫里。但是，即使面临死亡威胁，他也不能把这件事告诉德国人。

"你的回旋加速器组装怎么样？"舒曼又问道。

"正在安装中。"约里奥说。

"你估计什么时候能完成？"

"到时候就能完成。"约里奥答道。他知道德国人急于获取研制原子武器的材料和数据，但是他们自己没有建造回旋加速器，一旦这些设备被德国人掌控，后果不堪设想。

幸运的是，约里奥与德国翻译根特纳是朋友，根特纳曾在约里奥的实验室工作过几年，彼此之间建立起了真诚的友谊。不过，舒曼并不知道他们的关系，他们在舒曼面前也装作互不认识的陌生人。谈话结束后，根特纳特意走在舒曼后面，暗示约里奥稍后单独见面。

这一次，德国人没有从"约见"中获取有用的信息。在荷枪实弹的德军士兵的监视下，钱三强和一些同事又重新聚在一起，继续研究工作。实验室也成了他们与敌人进行暗斗的"战场"。

当天晚上，约里奥和根特纳在圣米歇尔大街一家不起眼的小餐馆里秘密见面。根特纳说，这里的工作将由海德堡大学物理学家波特负责，他将带领一个工作小组加快回旋加速器的安装。根特纳表了这件事让他很为难。约里奥说："感谢你提供的情况。你能来巴黎，这对我太好了，我们需要你的帮助。"根特纳表了决心："我不是有权力的人，但是为了科学和人类，我将尽一切努力帮助你。"

这次谈话使约里奥得到很大的安慰和鼓舞。德国科学家的理智和良知并未泯灭，邪恶必难长久，人类还有希望。

诡计多端的舒曼除了派根特纳监视改装回旋加速器以外，还派人轮流督促，决心尽早获取研制原子弹的新式仪器。为了阻止德国人达到目的，约里奥暗地里授意研究人员频繁制造事故，最常用的办法是：法国机械师趁德国人不注意，在实验时偷偷关掉冷却系统的水龙头，导致机器发热烧坏绝缘体，实验无法继续进行，只好停机检修。

当时物理学家莫勒是在回旋加速器上进行调试的德方负责人，和他一起工作的法国机械师叫台尔曼。为了拖延德国人的进度，每次实验开始后，台尔曼总是找借口回自己的工作间，借机关掉冷却系统的一个水龙头。这时，莫勒通常会着急地打来电话："喂，台尔曼，机器又出毛病啦！你来看看吧！"

在台尔曼赶来之前，一个绝缘体被烧坏，整个机器都发烫了，只好关掉全部开关。巧妙的"事故"接连不断地发生，德国人一直被蒙在鼓里。显然，在约里奥的领导下，这个特殊战线的斗争是卓有成效的。

这段时间，钱三强没有参与德国人的实验工作，一直在楼上的实验室里研究天然放射性物质释放的 γ 射线的强度和能量。有时约里奥会到楼上来，压低声音向他们讲述楼下发生的事情。大家听了都忍俊不禁。

匈牙利的核物理学家利奥·西拉德曾经写信给约里奥说："亲爱的朋友，我请求你不要公开发表关于核裂变的任何一项研究成果，因为这将会导致制造原子弹的发生。它在通常情况下是极端危险的，如果落入某些政府手中，后果不堪设想！"

实际上，在英法对德宣战前两个月，约里奥就在法国国家科学研究院存放了一份文件，这份文件论述了"用含铀的媒介物造成一个无限的链式反应的可能性"。也就是说，早在 1939 年 7 月，约里奥便初步提出了原子弹爆炸的理论。但是，他并不知道世界各地有许多著名科学家在为阻止这件事而四处奔走。法兰西学院核化学实验室已经掌握了核裂变的方法，这是急于进行原子弹理论设计的人们所不知道的。著名科学家爱因斯坦给美国总统罗斯福写信，希望美国政府尽快造出原子弹对付德国法西斯，这也是约里奥不知道的。出于科学家的良知，约里奥自觉地采取了防范措施，阻止德国研制核武器。要做到这一切，需要冒很大风险，甚至可能丢掉性命。约里奥对此心知肚明，但是，为了科学、人类与正义，他勇敢无畏地守住底线。

3. 暗中支持法国抵抗

有一天，在让·维亚尔的房间里召开了一次秘密会议。参加会议的有约里奥教授、奥贝尔教授，还有著名物理学家保罗·郎之万的女婿、卓越的物理学家索洛蒙。在法兰西学院，以这几位科学家为核心，成立了一个抵抗运动小组。从此，法兰西学院的科学家和教授们与法西斯展开了有组织的抵抗运动。

1940年10月的一个夜晚，大家正在熟睡的时候，郎之万因为参加反对德国法西斯的活动，突然被盖世太保逮捕，他们诬蔑他企图阻止纳粹德国消灭犹太人。消息传开后，世界各地的科学家们发出了强烈抗议。瑞典、美国、苏联等国政府纷纷表示愿意接纳郎之万前去避难。

法国民众更是群情激愤。郎之万被捕当天原定要作电磁学讲演，但德国人封闭了准备讲演用的法兰西学院物理教室。11月8日，法兰西学院师生举行示威活动，约里奥挺身而出，强烈抗议德国人的暴行。鉴于当时政治和社会的压力，德国人被迫打开物理教室，郎之万的朋友和学生蜂拥而入。约里奥表情肃穆地走上讲坛，谴责德国法西斯正在迫害一位伟大的法国人和科学家，并宣布在郎之万获得自由之前，他的实验室绝不向法国和德国的研究者开放。

为了保障没有法国国籍的钱三强的安全，约里奥曾嘱咐他不要参加法国人的政治活动。但是，钱三强没有听从他的建议，还是挤进物理教室听他讲话。他很敬仰约里奥高尚的情操和勇敢的战斗精神，也直接感受到法国民众与法西斯坚决斗争的爱国情怀。学生们在拉丁区的街道上，在巴黎大学的校园里，一边高唱着《马赛曲》游行示威，一边散发传单。钱三强对此情此景无比熟悉，无比向往。在北平，他也参加过"一二·九"抗日救亡运动，和同学们一起走上大街进行抗日救国游行示威，反对华北自治，要求维护中国领土完整。他非常理解法国人民的感情，被压迫民族的心是相通的。虽然约里奥要求钱三强不要参加法国人的政治活动，但是他仍然冒着危险，用自己的方式支持约里奥等人的抵抗义举。

那些日子，钱三强经常在法国的中文、法文报纸上看到中国同胞被日寇蹂躏的消息，心里非常痛苦和愤恨。盖世太保在巴黎的所作所为也同样残暴。从1940年冬季开始，法国各界的抵抗运动空前活跃，德国法西斯则疯狂地镇压抵抗者，逮捕、拷打、杀害抵抗者的事件屡屡发生。

更可怕的是，盖世太保想方设法拉拢法国知识界一些有野心、贪私利的人为他们工作，破坏抵抗运动，这些人被称为"法奸"。

基于居里家族的影响，德国人表面上给予约里奥-居里夫妇所谓的"自由"，但又派人暗中监视他们。《巴黎人报》曾向约里奥约稿，希望他写一篇法德知识分子密切合作的文章，被约里奥断然拒绝。约里奥还谢绝了德国人拍摄居里实验室的要求。这些回绝在某种程度暴露了他的政治倾向，使他面临着更大的危险。由于镇压、逮捕和枪杀等恐怖事件频繁发生，约里奥也意识到自己危险的处境，但他毫不畏惧，在1941年5月和12月先后担任法国全国阵线主席和全国大学阵线主席，秘密领导知识界的反法西斯斗争。

很快，又一个悲惨事件发生了：才华横溢的科学家索洛蒙和机械真空泵发明人、居里实验室的同事豪尔维克，因为参加抵抗法西斯运动被枪杀了。索洛蒙是共产党员，他和波利泽、德古、杜达奇等人一起惨遭杀害。在愈发恶劣的形势下，约里奥的一举一动受到更严密的监视。6月29日，约里奥被德军逮捕，德国人给他安的"罪名"是登记参加第三国际，他是共产党员。在审讯中，约里奥镇定自若、沉着冷静，应对得滴水不漏，德国人找不到任何破绽且查无实据，只好将他释放，但是禁止他离开巴黎占领区。

德国法西斯的行径不仅没有吓退约里奥，反而激起他心中更大的怒火。1942年，他毅然申请加入法国共产党，以此表示他坚持抵抗运动的决心及对法国的忠诚。他的介绍人是法国共产党杰出的领导人、著名抗德英雄皮埃尔·维荣。

约里奥知道，参加共产党就要准备牺牲，但生死之外还有更重要的正义，因而他视死如归。他对入党介绍人维荣说："如果我俩都被捕了，我倒没有什么了不起，而你可比我重要。我不忍心让你去牺牲。不管怎么说，如果把我拉出去枪毙了，那我愿意作为一个共产党员而牺牲。"

当时告密者不乏其人，约里奥加入法国共产党，参加秘密活动随时都有可能被出卖，同时也有可能被盖世太保发现。经过慎重考虑，约里奥把自己的入党材料藏在一间实验室里，这间实验室是他和钱三强共用的工作间，两人各有一把钥匙。

有一天，钱三强做实验需要一截电线，于是到实验室一个放杂物的柜子里翻找，结果在柜子里发现一个奇怪的纸包。他打开一看，不由得出了一身冷汗，原来这是贴有约里奥照片、化名某工程师的证件和入党材料。这件事如果被德国法西斯知道，约里奥可能会有性命之忧。钱三强很担心约里奥的人身安全，为避免这些材料被外人发现，他对纸包做了一些伪装，并时刻留意杂物柜。几天后，他去查看那些秘密材料是否保存妥善，没想到纸包不见了，但看到约里奥依然安全,他总算放下心来。师生二人对于这件事一直心照不宣,闭口不谈。

时隔 12 年后,这一秘密才被揭晓。1952 年 3 月下旬,钱三强作为中国代表团成员,出席在挪威奥斯陆举行的世界保卫和平大会执行局特别会议。约里奥也出席了这次会议,并担任会议主席。会议期间,钱三强和约里奥有过多次谈话,有一次他们谈到了领导新中国的共产党,钱三强顺便提起当年在实验室见过约里奥入党材料的事情,约里奥说:"这一点我要感谢你,你帮我把材料藏得更难找了。我取走材料时,发现了这一切,我判断准是你干的。"约里奥说完,师生二人相视而笑。

在盖世太保的眼皮底下,抵抗活动一直在进行。约里奥虽然非常信任钱三强,但尽量不把危险的事情交给他做。比如,实验室经常要为抗德特工队改装武器,制造爆炸装置,做好后再秘密送出去。约里奥从来不要求钱三强做转运武器的工作,因为他的肤色、样貌不同,很容易引起盖世太保的注意。

亨利·穆勒是约里奥的同事,1941 年 6 月被盖世太保任命为警察局控制的巴黎市实验室主任。他对约里奥非常尊敬,也坚信德国法西斯不会长久,于是暗中给予约里奥许多帮助。这也是约里奥相对顺利地从事抵抗活动的重要原因。每逢星期日下午,穆勒总要到约里奥家中探望他,同时送来对抗德特工队有用的情报,有时还用手提包提来炸药、雷管和无线电通信器材。这些是抗德特工队非常需要的。约里奥提供的情报和武器，有力地帮助了抗德特工队的斗争。

在实验室里，钱三强除了帮助约里奥为抗德特工队改装武器和制造炸药以外，还曾经掩护过一个犹太小姑娘。这个小姑娘的哥哥曾经是约里奥的助手，在实验室工作过。德军占领巴黎后，这位犹太籍的科学家逃往英国，加入了英国海军。这个犹太小姑娘被钱三强和同事们藏在实验室里一个很隐秘的地方。

一天下午，几十个荷枪实弹的法国伪宪兵闯进实验室，指名道姓地要抓走这个犹太小姑娘。

宪兵头子首先质问约里奥："你把她藏在了什么地方？"

约里奥镇静地摇摇头说："从未见过。"

宪兵头子又转身问钱三强："她现在在哪里？"

钱三强也镇定地摇摇头："从未见过。"

宪兵头子吼叫着威胁钱三强："藏匿犹太人是要被枪毙的！"

德国宪兵在实验室里搜查了几遍，始终没有找到这个小姑娘，只好悻悻地走了。第二天，伊莱娜派人把这个犹太小姑娘秘密送到乡下当挤奶工人，离开了危险的旋涡中心。

钱三强保护犹太小姑娘的事迹不仅受到实验室同事的

赞扬，而且在巴黎华人中也传为美谈。直到 20 世纪 50 年代，还有当时在法国的中国人给组织上写材料赞扬钱三强的勇敢行为。

4. 滞留里昂的意外收获

随着战争形势的发展，巴黎的环境越来越糟糕，各种物品奇缺，开始实行食品配给。钱三强得不到足够的食物，只得拿配售的烟酒去换吃的。尽管生活艰难，但他依然坚持研究工作，陆续发表了一些论文，还成为法国国家科学研究中心的研究员。

1941 年冬，德国与法国签署停战协议，其中一项条款是，法国必须割让包括巴黎在内的三分之一的国土。随后，德国命令各国驻法外交机构从巴黎迁往维希，那是贝当傀儡政权所在地。钱三强也接到了中国驻法使馆的通知，他将按自己的意愿选择同行南迁或是继续留在巴黎。不久，钱三强又从张德禄那里听到一个消息——马赛和远东的海上交通没有完全中断，有时可以买到前往香港或上海的船票。钱三强有点动心，回国的想法萦绕心头："我在沦陷后的巴黎度过了 1940 年和 1941 年，虽然在科学工作上又有了不少长进，但心中总是很不安，一直思念祖国。这时听到有回国的可能，我就决定回国。"

打定主意回国后,钱三强首先把这个决定告诉了约里奥-居里夫妇,约里奥-居里夫妇对此表示理解,因为当时实验室的工作环境很恶劣,大家无法安心做一些有意义的研究工作,同时考虑到安全问题,外国研究人员暂时离开是个比较妥当的选择。伊莱娜考虑得更为细心周密,她为钱三强写了一份书面评价,说他在几年的研究工作中,已成长为一位很有才华的实验工作者,拥有很高的科学素养,这使他能够在与同行讨论时更有说服力,研究也富有成效;他同时拥有物理学家和化学家的研究能力,这对这门科学来讲是绝对必要的。

同年 11 月底,钱三强告别了约里奥-居里夫妇后,与张德禄一起从巴黎赶往马赛,途中他们听说太平洋最近不太可能发生战争,因为英美已经决定援苏抗德,在大西洋对德国的侵略扩张采取攻势,在太平洋则对日本采取守势。为了稳住日本,美国还与日本缔结了《日美谅解方案》,公然承认伪满洲国,并允许日本以和平方式掠取南太平洋地区的资源等。国际社会都认为日本人应该对此满足了,实际上,日本对东南亚地区丰富的石油等资源垂涎欲滴,但那里是英法美等国的"地盘",此时英国正在苦苦支撑,法国早已战败投降,对日本存在威胁的只有美国。为了攫取东南亚地区的丰富资源,日本开始暗中布局。

因为误判太平洋上不会爆发战争,钱三强便跟张德禄商量在里昂暂住几天,游览一下这座中世纪古城。没想到

第三章 战火纷飞的日子

他们刚到里昂不久,便传来消息,日本悍然袭击了珍珠港,美国被打了个措手不及,眼睁睁看着自己的太平洋舰队遭受重创,美国随即对日本宣战。这样一来,欧洲与远说东的海上交通都断绝了。无奈之下,钱三强和张德禄只好留在里昂。

里昂是自由区,虽然没有战时的恐怖气氛,但它和占领区的交界被视为法德之间的边境,要想从这里前往巴黎,必须有德国当局认可的证明文件,还要办很多手续。这让钱三强进退两难,既无法回国,也无法返回巴黎。当时前往北美洲的海上航线还可以通行,张德禄打算到美国去,询问钱三强是否同行。钱三强从来没有去美国的计划,一心想回国,他决定等等看,根据形势再作打算。

张德禄走后,钱三强借住在里昂中法大学的宿舍里,他囊中愈发羞涩,最后穷得连学生食堂的饭也吃不起。而且当时里昂的很多日用品都是凭证供应,他初来乍到,自然没有证,日子过得举步维艰。有几个中国留学生知道他的艰难处境后,发起了"募捐"活动,所得资助总算解了他的燃眉之急,但时间一长,中国同学也力有不逮。

钱三强只好想办法改变自己的处境。他找到里昂大学物理研究所,拿出伊莱娜写的评价,申请做一些临时性的工作。这一要求被满足后,他又到图书馆阅读量子力学方面的著作,这使他了解了理论物理的重要性,思维也更为开阔。

一天，里昂大学物理系教授莫朗找到钱三强，问他是否从巴黎带来一点放射性物质，钱三强正好带了一点，于是，莫朗帮他申请了法国国家科学研究中心的研究经费，并让他带一个学生做毕业论文。不过，里昂大学物理系实验室的条件很有限，很多实验如制作云雾室、电离室、计数管、磁谱仪等都无法实现。

在这种情况下，钱三强只能自己想办法利用现有条件展开研究。离开巴黎时，他带了一点钋的 α 源，不久，他听说里昂有一家生产照相胶片的工厂，于是设法要来一些片子，开始研究 α 粒子在照相胶片上的感光作用。经过一段时间的研究，他发现钋的 α 粒子能够在底片上留下八九个黑点，跟云雾室中的粒子径迹类似。随后他又找来不同品种的片子进行实验，他发现含银量不同，得到的黑点大小和数目也不同。如果改变底片的处理方法或条件，黑点的粗细程度也会随之变化。

实验完成后，钱三强在里昂物理学会上报告了自己的研究结果。他的这项成果后来在原子核乳胶工作中起到不小的作用。

1943 年 6 月，法国《物理学手册》发表了钱三强撰写的实验报告《用照相乳胶记录带电粒子》。1945 年，英国物理学家塞西尔·弗兰克·鲍威尔发明了核乳胶技术，伊莱娜想起钱三强在里昂的相关研究，便派他到鲍威尔所在的威尔斯实验室短期学习核乳胶技术。因为有以前的基础，钱三强很快就掌握了核心步骤，并且成为法国应用核乳胶技术的开创者。

钱三强滞留里昂将近一年，眼看回国无望，里昂大学的研究条件又有限，最好的出路还是回巴黎。钱三强抱着试一试的心态向约里奥-居里夫妇求助，他先写信给约里奥询问了相关情况。当时伊莱娜受放射性影响，身体欠佳，每年冬天都得去法国和瑞士边境的一个疗养区住一段时间。疗养区也属于自由区，伊莱娜写信约钱三强见面详谈。

钱三强与伊莱娜见面后，才知道约里奥的处境险恶，他被限制离开占领区，受到德国人的监视，通信也不自由。为了躲过德国人的检查，伊莱娜给约里奥写信，都是通过根特纳转交。然而，即使这样也没有逃过盖世太保的眼睛，不久，根特纳被突然调回德国海德堡由波特领导的皇家威廉学院核物理研究所。无巧不成书，后来与钱三强结为连理的何泽慧当时刚从柏林转到皇家威廉学院核物理研究所，和根特纳成为同事。20世纪80年代，根特纳随联邦德国马克斯·普朗克学会代表团访问中国时，在人民大会堂一眼就认出了钱三强和何泽慧，对于钱三强和何泽慧结为夫妇一事，他十分惊讶，也为他们感到高兴。

经约里奥四处奔走，1942年12月，钱三强终于取得了从里昂返回巴黎的证明文件，安全回到巴黎，并且他还得到法国国家科学研究中心的奖学金，有了固定的经费渠道，钱三强又可以继续深入研究工作了。

5. 有情人终成眷属

在约里奥-居里夫妇的推荐下，钱三强成了法国国家科学研究中心的副研究员。这一期间，无论在学术还是生活上，他都慢慢成熟起来。除了完成自己的研究课题外，他还帮助约里奥-居里夫妇指导3名博士生。渐渐地，他由约里奥-居里夫妇的学生变成了他们的助手。

不过，随着西线战事愈加激烈，钱三强的生活也日渐艰难。这时的他已经30岁了，仍单身一人。每当傍晚他在实验室外的鹅卵石小路上漫步时，看着路边草地上亲密交谈的一对对青年男女，不禁回想起在清华园与同学们共同生活学习的情景，游子的思乡之情及对爱情的渴望一起涌上心头。

夜深人静时，钱三强拿出那张毕业照，在柔和的灯光下，梳着两根长麻花辫、面带微笑的何泽慧对他来说可望而不可即。他久久地凝视着她，与"漂亮女神"同窗共读的美好岁月仿佛就发生在昨天。那双长着长睫毛的大眼睛似乎也在注视着他，但又仿佛进入一个遥远的梦境。可是，这梦境却一次次地照进他的生命。7年了，自毕业后，那悦耳的歌声仍不时在他耳边轻轻回响：怒发冲冠，凭栏处，潇潇雨歇……她去德国留学后，多年来音信杳无，他心里有说不出的惆怅。

第三章 战火纷飞的日子

然而，缘分妙不可言！1943年年初，钱三强突然收到一封来自德国的短信，只有25个单词。这是因为"二战"期间德法两国通信戒严，每封信最多不能超过25个字。看着浅蓝色短笺上熟悉的清秀字迹，钱三强脑海中顿时出现了"漂亮女神"的靓影：端庄温柔，文雅大方，面庞白皙，梨涡浅笑，一双明亮的大眼睛在长长的睫毛下闪着灵光。这是何泽慧写给他的信啊！

此刻，何泽慧正在幽静的莱茵河畔漫步。在烟雨蒙蒙的莱茵河畔，仿佛只有她一个人，她禁不住张开想象的翅膀，回忆起大学时的美好岁月：同一个校园漫游，同一个教室学习，同一个餐厅吃饭。她记得钱三强曾非常专业地赞扬她泳姿优美，她安然受之。

毕业前，她和钱三强共同讨论过毕业论文的选题，钱三强的选题是"真空系统里金属钠的表面对真空度的改进"，她的选题是"实验室用的电压稳定装置"。后来，他们的论文双双获得全班最高分。从那时起，何泽慧内心深处便萌发了对钱三强的好感。这位高傲的女神经常无视追求倾慕她的男生，唯独对钱三强例外。

钱三强反复阅读了何泽慧写给自己的信，她委托钱三强代为写信问候她远在苏州的父母。信虽然很短，但是钱三强从中读出了无尽的思念和牵挂。他立即给何泽慧的父亲寄出一封信，转告了何泽慧在德国的消息。不久他就收到焦虑忧心的老人写来的回信。从此，两颗孤独的心慢慢走到了一起,爱情的种子开始在他们心中扎根萌芽。

1945年,在海德堡皇家威廉学院核物理研究所,何泽慧有了一个重大的科学发现——她用磁云室研究锰52的正电子能谱,拍了上千张照片,从中发现了一种近似于S形的奇特径迹。其实,这是正负电子的弹性碰撞过程。多年前,印度理论物理学家巴巴计算过它的可能概率,但因为没有办法辨别入射粒子碰撞的轨迹和反冲电子的轨迹,所以在何泽慧之前,一直没有人观察到这个过程。何泽慧的测量结果表明,在总长240米的2774个正电子径迹中(能量处于25~800 keV,最大强度约在200 keV),有178个碰撞事例。其能量交换$A \geqslant 0.1$单位,与理论计算基本符合。除此之外,何泽慧还观察到3个正电子湮没的事例,与根据狄拉克正电子理论计算出来的概率相符。

面对成功的喜悦,何泽慧第一个想到要分享的人就是钱三强。当时钱三强正受委派在英国布列斯托大学学习核乳胶技术,同时参加英法宇宙线会议。何泽慧便把自己观察到的奇特的弹性碰撞径迹照片和测量数据寄给他。钱三强收到后,在英法宇宙线会议上报告了何泽慧的研究结果,受到意外的重视与好评,被英国《自然》杂志报道为"一项科学珍闻"。会后,钱三强马上写信把会场的热烈反响告诉何泽慧,并向她表示祝贺。何泽慧也很兴奋,回信说将尽快到法国与钱三强见面。

1945年冬,何泽慧在没有预先通知钱三强的情况下来到

第三章 战火纷飞的日子

巴黎,她的突然来访,让钱三强在高兴之余又有些措手不及。短暂的相处期间,他带领何泽慧参观了实验室,并一起讨论实验照片和曲线图。当然,他们还一起欣赏了巴黎的美景,在塞纳河上看落日,在埃菲尔铁塔上观巴黎夜景。经过这次会面,这两个年轻科学工作者的心贴得更近了。

1946年春,何泽慧离开德国,来到法国。同年4月8日,钱三强与何泽慧在中国驻法领事馆办理婚姻登记,领取了结婚证书。两位年轻的博士手牵手在巴黎举行了婚礼。按照中国传统,结婚需要举办婚宴。他们将婚宴的地点选在东方饭店,共有30多位中外朋友应邀出席。其中有何泽慧在清华大学的学长、法国东方语言文化学院中文女教师李玮,钱三强的好友、著名物理学家郎之万的弟子、巴黎大学博士汪德昭及其夫人、音乐家李惠年,钱三强的挚友孟雨,以及居里实验室、法兰西学院核化学实验室的同事们,大家纷纷送上最真挚的祝福。约里奥-居里夫妇也盛装出席,给婚宴增添了不少光彩。

在简单庄重的婚宴上,身着暗红色旗袍的何泽慧,梳着两条长长的垂于腰际的辫子,清秀的面庞上挂满幸福的笑容,浑身散发着东方女性含蓄内秀的韵味。钱三强则身着一身毛料西装,显得挺拔潇洒。这对年轻的博士夫妇向来宾行三鞠躬礼后,约里奥向新郎新娘祝贺新婚,他在致辞中说道:"令人怀念的皮埃尔和玛丽·居里夫妇,曾经在一个实验室中亲密合作;以后,我和伊莱娜又结为伴侣。

事实证明，我们这样的结合，结果非常之好。亲爱的钱先生、尊敬的何小姐，我们的'传染病'今日又传给了你们。我和伊莱娜共同祝福你们家庭美满，祝愿你们亲密合作，在科学事业上取得举世振奋的丰硕成果。"随后，来宾们在一片热闹祥和中向新人祝贺。

婚宴结束后，钱三强和何泽慧携手来到塞纳河边散步。黄昏降临，他们静静地坐在岸边的草地上，共同回忆当年在清华大学读书的美好岁月，回忆在异国深造的生活。清凉的风从河面上吹过，凉爽宜人。他们手牵着手，静静望着波光粼粼的河面，此时此刻，两颗年轻悸动的心融进这片湖光景色中。夕阳斜照，金色的光洒在江面上，映照出两个年轻幸福的剪影。

6. 中国的"居里夫妇"

新婚三天后，钱三强与何泽慧便投入紧张的工作中，他们夜以继日地共同修改何泽慧的一篇论文——《正负电子弹性碰撞现象》。

在修改论文的同时，这对年轻的科学家夫妇结合几年来积累的科研收获，讨论研究心得。钱三强在约里奥-居里夫妇身边工作，一直信奉导师教给他的一句至理名言："科学家要为科学服务，而科学要为人民服务。"

何泽慧说："我从多年的科研工作中体会到，作为一个科学家必须立足于常规，着眼于新奇。做常规统计时，要看看有没有特殊现象。而特殊现象的出现，常常导致新规律和新现象的出现。"钱三强赞同地说："是这样的！玻尔原子模型理论的出现、原子裂变的发现，都是这样一个过程。"他们在科学观念上，总是不谋而合。

1946年夏，钱三强和何泽慧出席了英国皇家学会举办的牛顿诞辰300周年纪念会和"二战"后第一次国际基本粒子与低温学术会议。在这次会议上，何泽慧提交了她在海德堡皇家威廉学院核物理研究所工作期间所做的关于正负电子弹性碰撞的报告《正负电子弹性碰撞现象》。为了表达自己与钱三强对科学的共同追求，她仍请钱三强代为宣读报告。这项科研成果引起了与会同行的极大兴趣。

也正是在这次会议上，剑桥实验室的一张照片吸引了钱三强和何泽慧的目光。这张照片是英国物理学家费瑟的两位学生拍摄的铀核裂变现象。钱三强认真观察照片上显示的这一微观现象，不禁联想到自己在居里实验室所看到的核裂变现象，铀核在受到轰击之后，放射出方向相反的两条粒子线，这就是铀核的"二分裂"。但是，仔细一看，在两条粒子线之间，沿垂直方向还有一条很细的粒子线放射出来，它的位置与其他两条粒子线不在同一方向。钱三强因此产生了一个疑问——铀核裂变是否还会产生第三颗粒子？想到这里，他无法抑制激动的心情,将自己的猜测告诉了站在身旁的何泽慧。何泽慧也心生好奇,带着这一疑问,这对恩爱夫妻决定一起努力,揭开这一科学谜团。

钱三强后来谈及自己当初对这种现象发生兴趣的原因时说:"这时已经是 1946 年,一年前,由于广岛和长崎两颗原子弹的爆炸,整个世界都为核武器的巨大杀伤力所震惊。而原子弹的基本原理,就是利用了重原子核的裂变反应。裂变已成为影响人类前途的重大问题。可是,裂变的物理过程尽管经过众多科学家的研究,但当时还有许多不清楚的地方。自然而然,人们对于有关原子核裂变的一切,都是十分重视的。我自己早在 1939 年就参与了裂变的研究,所以,看到这张照片萌发出对它进行深入研究的兴趣是不奇怪的。"

科学上令人叹为观止的发现,都依赖反复多次的科学实验,而通往科学成就的道路非常艰辛曲折,需要很强的毅力和创造力。钱三强夫妇毫不犹豫地踏上了这条艰辛而又令人兴奋之路。

会议结束后,钱三强回到巴黎,马上向约里奥汇报了此事,并在约里奥的支持下开始围绕核裂变可能的多样性、复杂性进行研究。约里奥还派给钱三强两位法国专家作为助手,不久何泽慧也加入研究小组,很快以其细致和耐心在研究中发挥了重要作用。钱三强分析认为,这种事例极为罕见,需要在大量的裂变径迹中才能捕捉到,但云雾室只有在膨胀的瞬间才是敏感的，时间不到一秒钟，所以每次实验只能记录到很少的裂变径迹。而原子核乳胶则一直是灵敏的，可以把铀加进去，"曝光"的时间延长，在很小的体积内便能积累很多裂变径迹，这样一来，实验成功的可能性将大大增加。所以，他决定不用云雾室，而用原子核乳胶作为探测器。

为了达到理想的灵敏度，钱三强还想出一个办法，那就是将核乳胶片在硝酸铀酰溶液中浸泡适当时间，然后进行实验，结果顺利记录到若干例三叉形径迹。

在这次实验中，相较于钱三强的另外两个实验助手，何泽慧找到的三叉形径迹是最多的。钱三强对她耐心细致、精益求精的工作态度极为赞赏。

实验到这里并没有结束，为了弄清这些三叉形径迹的性质，钱三强向伊莱娜借用了居里实验室的唯一一台高倍显微镜，此后一段时间，他一直待在实验室里进行观测和分析。在大量实验测量的基础上，他意识到，这可能是一种新的现象——原子核裂变一分为三。

1946年11月18日，钱三强的研究小组向约里奥-居里夫妇提交了第一篇关于"三分裂"的实验报告，约里奥-居里夫妇看后，认为实验和数据分析都很合理，支持公开发表。12月9日，《法国国家科学研究院公报》发表了钱三强、沙士戴勒、何泽慧、维涅龙联合署名，以"俘获中子引起的铀的三分裂"为题的研究报告。

之后，钱三强并不满足于现有的研究成果，他认为："研究还只是刚刚开始。为了弄清楚究竟是不是真的三分裂，还要进行一系列严格的、更加艰苦的实验和分析。"他对研究小组的成员说："新的问题和新的工作等待着我们去解决。"很快，他又带领研究小组投入紧张的实验中。

功夫不负有心人。钱三强和何泽慧观察到一个新的三叉形事例，相较于以前的所有二重一轻的径迹，这个事例的三条径迹比较粗短，明显不同于 α 粒子，这第三条径迹应该是具有比较重的质量的原子核的分裂径迹。何泽慧又在早前的一张底片上，首先观察到一个四分叉形状的径迹。在显微镜下，她看到从一个点发射出四条粗线：两条长径迹，两条短径迹。何泽慧把这个发现告诉了钱三强，经过观测与讨论，他们判断这是一个铀的四分裂，四条径迹几乎在同一平面上。这也说明在核裂变过程中，不仅存在三分裂，而且可能存在更多分裂的情况。

钱三强及时向约里奥－居里夫妇报告了他们的发现，并且送上一张四分裂径迹照片，照片上用法文写着：

献给我们的导师约里奥－居里夫妇

钱三强　何泽慧

巴黎

1946 年 11 月 23 日

第三章　战火纷飞的日子

俘获一个慢中子引起的铀的四分裂

　　这张照片一直存放在巴黎的居里博物馆里，2011年清华大学百年校庆举办"巴黎镭学研究所与清华大学校友展览"时，曾展出由法方提供的照片复制件。2011年5月我国发行的"中国现代科学家（五）"纪念邮票《钱三强》的背景图，用的就是这张照片。

　　很快，约里奥在法国国家科学研究院会议上报告了钱三强等人发现四分裂现象。1946年12月23日，《法国国家科学研究院公报》发表了署名为何泽慧、钱三强、维涅龙、沙士戴勒的文章《铀四分裂的实验证据》。一个星期后，法国《原子》杂志刊登了钱三强的文章，详细介绍了四分裂发现的过程。1947年，《法国国家科学研究院公报》和美国《物理评论》分别发表了钱三强、何泽慧等人的研究文章《铀三分裂与四分裂的能量与几率》《铀核的新的裂变过程》。

　　对于钱三强的研究工作，约里奥－居里夫妇给予了很大的支持。当国际上几个知名实验室先后发表文章驳斥"三分裂"解释时，约里奥于1947年春在巴黎举行的世界科学工作者协会会议上宣布了这些研究成果，认为这是第二次世界大战后物理学上的一项新发现。铀核的三分裂和四分裂的发现也因此为各国科学界所知晓。

当时，英国物理学家费瑟对此持不同观点。他在英国发表文章说：核裂变照片中看到的第三条线，不是在铀核裂变中出现的，而是原子核将要破裂前或破裂后放射出的，也就是用"两阶段的核作用"来解释。面对权威物理学家的质疑，钱三强仍然坚持自己的观点，因为他们对三个粒子的质量、动能和角分布做了认真准确的测量。由于实验工作做得严格认真，加上他在里昂时自学过量子力学，比较顺手地运用玻尔液滴模型的理论，抓住了第三个碎片是垂直于两个重碎片方向发出的关键问题，提出三分裂的机制问题。

1947年3月31日，钱三强发表研究论文《论铀的三分裂的机制》。文章在大量实验测量的基础上，经过分析计算，得出质量、动能和角分布等关键数据，结合理论考虑，令人信服地论证了三分裂这一新的原子核分裂方式，不点名地批驳了费瑟的"两阶段的核作用"的解释。他认为：一、假若裂变前放出 α 粒子，它的方向应该倾向于液滴变形的轴向，因为在这个方向势垒高度最低，α 粒子比较容易射出。二、假若 α 粒子是裂变后被一个重碎片放出的，它的方向将对这个重碎片具有任意性分布。三、根据三分裂设想，第三粒子有一个质量谱，估计氚或氦-6由于包括较多的中子，可能存在。

受限于当时的实验条件，无法测定第三粒子是否有质量谱，所以钱三强与费瑟的争论得不到澄清，他便在文中做了合理的预言。正是因为钱三强这篇论文的科学性，它一直被视为该研究领域的经典性文献之一而受到同行的重视。

1967年至1969年,苏联、美国等国的七个实验室利用新的探测方法研究铀被中子轰击后产生裂变和锎-252自发裂变所放出的轻核谱,其中包括约90%的α粒子,约10%的氚、氦、氢、锂、铍等,证实了钱三强20多年前的估计是正确的。自此以后,三分裂观点被物理学界普遍接受。1969年,在维也纳举行的裂变物理和化学国际会议上,费瑟在演讲中回顾裂变研究的历史时表示,他愿意放弃22年前所持的一个观点,即认为第三个径迹是α粒子的径迹,同意关于三分裂机制的解释。

钱三强和何泽慧等人通过自己的辛勤工作,将裂变物理向前推进了一步,开辟出一个新的研究领域。这也使钱三强在法国科学界的影响力不断扩大,享受到许多非法国籍学者难以企及的待遇和荣誉。1946年年底,法国国家科学研究院授予钱三强亨利·德巴微物理学奖金,这是该院为了奖励科学领域杰出工作的主要奖项之一,而钱三强是首位荣获这一奖励的中国学者。1947年夏,34岁的钱三强升任法国国家科学研究中心研究导师,这是外国学者极少能够担任的学术高职。1985年,已经离开法国37年的钱三强又获得了一项象征法国国家荣誉的褒奖——法兰西荣誉军团军官勋章。

钱三强晚年回顾这段历史,认为婚后这段时间是他一生中精力最旺盛、状态最丰盈的时期。经过多年的学习，他深深体会到，科学的积累、科学机构的传统和条件对创造性的工作影响很大。他初到实验室时十分谨慎，与伊莱娜一起做了有关验证裂变概念的实验以后，才知道自己的积累太少，如果没有老师的指点，他不可能想到要抓这样有重要意义的工作。经过 10 年左右的训练、积累、服务、合作、参与讨论、带研究人员，他的智慧、知识、判断力不断提高。另外，约里奥的多次倾心交谈、活泼民主的研究氛围，也起了很大的促进作用。

还有一个十分重要的因素是，从 1942 年到 1943 年，钱三强系统地学习了理论物理，了解了哥本哈根学派创始人、丹麦物理学家玻尔所发展的量子力学的概念，受到很大启发。正是通过系统的理论学习，他打开了眼界，思想"透明"了，两只眼睛"发亮"了。他曾用这样一段话来描述自己的切身体会："在目标没有攻下来之前，前途茫茫，困难重重，好像隔着万重山，不知何年何月才能取得胜利。一旦攻破了难关，回过头来一看，原来只隔着一层纸，只要用手一点就破了。就这一层纸，有的人往往一生也点不破，因为眼睛未亮，不知方向。"

什么是眼睛发亮？眼睛发亮，就是创造意识的萌动。钱三强认为："对科学劳动来说，最要紧的是创造性。从某种意义上来说，没有创造就没有科学。创造是科学研究的灵魂，创造力是一个国家科学能力的核心和精髓。"

第四章　坚定的报国心

钱三强虽然身在法兰西，却始终心系祖国，想要报效国家。他明白，回到贫穷落后、战火纷飞的中国，恐怕很难在科学实验上有所作为，但正因为祖国贫穷落后，才更需要科学工作者去改变它的面貌。经过一番准备，他和妻子终于踏上了归国的旅途，回到北平。

1. 向中国共产党靠拢

在研究神秘的原子世界过程中，钱三强夫妇屡有新的发现，当掌声和荣誉纷至沓来时，钱三强和何泽慧却更加想念祖国了。

钱三强在法国已经待了 11 年，取得很多荣誉和辉煌的成绩，但在他的心中，祖国始终是最重要的，他一直秉持一个信念，那就是把自己从西方学到的知识贡献给祖国。

在法国做研究，确实有更好的实验设备，有共事多年、感情深厚的导师和同事，有和平宁静的研究环境，还有优厚的物质待遇。这一切，对致力于科学研究的钱三强来说都是难以割舍的。但是，他和何泽慧久在异国他乡漂泊，两颗赤子之心要找到归宿，自然要回到祖国去。

第四章 坚定的报国心

在父亲的影响下,钱三强从小心中就埋下了爱国的种子。他在"打倒列强""反对卖国""不当亡国奴"的怒吼声中长大成人。面对千疮百孔的神州大地以及惨遭蹂躏的同胞,他默默地思索着,最后决定走"科学救国"的道路。

在留学法国期间,他发奋工作,取得了举世瞩目的成果。与此同时,他也开始接受中国共产党的进步思想。当时有两份中文报纸可供在法国的中国留学生免费阅读,分别是国民党机构办的《三民导报》和共产党旅法机构办的《救国时报》。

巴黎的东方饭店是一家华人餐馆,很多中国留法学生经常在这里聚会。一天,钱三强和几位同学来到这里庆祝台儿庄大捷,大家各拿出 20 法郎订餐并买了啤酒。这些年来,让这些异国学子振奋激越的关于祖国的好消息实在是太少了,台儿庄大捷的确值得好好庆祝一番。这天,每个中国学生都无比自豪,喜形于色,他们一直谈论台儿庄战役,谈论中国怎样打败日本帝国主义。不知不觉夜已经深了,钱三强自始至终都非常激动,他的言论引起饭店里一个服务生的注意。这个个头不高的服务生叫孟雨,待人随和,聪明幽默。他是一名共产党员,在法国巴斯德研究所学习微生物学,同时勤工俭学兼做东方饭店的小工。

"你是约里奥 - 居里先生的学生?"孟雨走过来试探地

问钱三强。

"是的。"

"读《三民导报》吗?"

"读。"

"你觉得怎么样?我是说有什么印象?"

钱三强直率地表明了自己的观点:"这份中国人办的报纸对待日本人的态度为什么那样软弱?我有点想不通。"

"中国人并不都一样,有些人总是害怕日本鬼子,就像有的法国人害怕希特勒一样。"孟雨也很直率地回答道。

"你的看法,我完全同意,我也有这样的感觉。"钱三强说。

他们一见如故,后来在孟雨的介绍下,钱三强认识了代表左翼力量的《祖国抗日情报》主编雷子声,并经常到编辑部所在地巴黎万花楼饭店,为编辑部捐款或者做义务编辑工作。

也是在这个时候,钱三强托在英国昌司玻璃公司工作的清华大学同窗王大珩订阅左翼书籍俱乐部出版的图书,其中有一本美国记者埃德加·斯诺写的 *Red Star over China*(中文版书名为《西行漫记》,后译为《红星照耀中国》),通过这本书,他开始了解中国共产党及其主张。渐渐地,他也听说了在留法学生中广泛流传的关于周恩来、邓小平、陈毅、聂荣臻等共产党人的感人事迹,对共产党人产生了

第四章 坚定的报国心

敬仰之情。此时,中共旅法支部也注意到钱三强,开始有意启发他向共产党靠拢。

1945年,钱三强在伊莱娜的安排下前往英国考察,学习核乳胶技术。他出发前,孟雨约见了他,请他到伦敦后去见一位叫陈天声的中国海员。

在伦敦,经陈天声安排,钱三强认识了《西行漫记》中提到的一位传奇人物,即早年参加过香港海员大罢工、时任中央工农民主政府政治保卫局局长的邓发。当时邓发陪董必武到美国旧金山出席联合国制宪会议,路过伦敦。

邓发向钱三强介绍了延安和全国的革命形势,并了解了他的学习、工作和思想情况,引导他向党组织靠拢,树立共产主义的远大目标。邓发还解开自己的衣领,指着身上穿着的毛衣笑着说:"这就是'自己动手,丰衣足食'的产物。"斯诺笔下传奇式英雄的革命精神及其高远的思想境界,深深地感染了钱三强。他向邓发介绍了德军占领下的法国科学界,特别是约里奥领导的抗争。

邓发说:"听说你的老师约里奥是法国共产党党员?"

钱三强回答道:"是的,他是在希特勒对共产党实行大搜捕大屠杀的时候秘密加入的,至今还没有公开共产党员的身份。他的父亲是巴黎公社社员。"

"老师是共产党员,那他的学生呢?你考虑过这个问题没有?"邓发意味深长地看着钱三强说。

分别时，邓发送给钱三强一篇文章剪报，即从延安《解放日报》上剪下来的毛泽东所撰《论联合政府》。邓发建议他有时间读一读，有任何问题可以跟中共旅法支部联系，还告诉他，"二战"结束，日本帝国主义投降，并不代表天下太平，中国的政治局势非常复杂，还存在两种可能性、两个发展前途。国际政治关系也错综复杂，并且与中国的前途命运紧密相连。所以，毛泽东主席在中国共产党第七次全国代表大会上所作的这个报告，提出联合一切可以联合的力量，以和平方式建立一个新中国。

对于这次会面，钱三强在1953年回忆道："（我）从他们那里知道了不少关于解放区的情况，并且看到了毛主席的《论联合政府》的剪报。这是我第一次看到毛主席的著作，文字内容非常有气魄有远见，而且科学性非常之强，当时我的直觉反应是'孙中山第二'。在那里我第一次了解到新民主主义革命的性质及中国共产党对联合政府的温和与合理的政策，当时我感觉这样一个合理的主张，任何人都不能拒绝接受。邓发同志的气魄与果断、生活的朴素、对于许多新事物的分析能力，使我对于中国共产党及它的负责同志的尊敬与爱慕大大提高，并且可以说是一个新的发现。"

离开伦敦后，钱三强先去了伯明翰，和王大珩一起到斯特拉福德镇参观了莎士比亚的故居，还在埃温河上划着小船朗读《论联合政府》，畅谈联合政府建立后的中国的未来，以及个人应为此而做的准备。

这次伦敦之行，使钱三强深切体会到中国共产党对自己的信任，这也成为他追求进步的一个新起点。从伦敦回到巴黎后，他开始积极参加中共旅法支部组织的"旅法华侨和留学生和平促进会"等活动，更加主动地向党组织靠拢。

1945年9月底至10月上旬，巴黎阳光明媚，世界职工代表大会正在这里举行。邓发代表解放区职工参加了这次大会。一天晚上，孟雨邀请钱三强一起参加由邓发主持的小型会议。会议是秘密进行的，出于安全考虑，进门要说暗号，否则很容易遭到国民党特务的跟踪，甚至有被迫害的危险。

"今天是旅法支部扩大会。"邓发冲钱三强点点头，然后说，"在场的人有的还不是党员，但也是我们的同志，是完全可以信赖的。"

屋里的七八个人同时将目光投向钱三强。钱三强一下子明白过来，他就是邓发所说的"完全可以信赖的同志"，这让他感到无比自豪。

在介绍了国际国内的斗争形势后，邓发传达了上级党组织的指示，说："不久将要派一位负责人到巴黎来，加强欧洲中共党组织的领导，更好地配合国内斗争。"

抗战取得胜利没多久，重庆就发生了"较场口事件"。1946年2月10日，政协陪都各界协进会等19个团体在重庆庆祝政治协商会议通过的五项协议。会议进行时，由国民党特务、党棍纠集起来的"工务会""农务会""商务会"，抢占会场和主席台，打伤大会主持人和演讲人李公朴、郭沫若、马寅初、章乃器等知名人士。此事引起各界公愤，重庆各团体联合公布了"较场口事件"的真相，将国民党反动派的罪恶行径昭告天下。

"较场口事件"震惊了全中国，也使在法国的中国留学生和华侨受到极大震动，由此形成的国共对立之势在巴黎也益见分明。

随着1946年6月蒋介石以30万大军进攻中原解放区，发动全面内战，全国掀起了"反饥饿、反内战、反迫害"的群众运动。中共旅法支部为了声援这一运动，决定召开旅法华侨和留学生和平促进会大会。他们邀请钱三强在会上发言。为了争取和平民主，钱三强很愿意出一分力，这也是他第一次接受党组织给予的任务。

一些朋友知道这件事后，极力劝说钱三强不要参加，以免遭遇不测。钱三强不解地问道："参加和平促进会怎么会发生不测？"朋友说，有消息称国民党当局驻法使馆武官处准备派人抢占会场，到时不知会闹出什么乱子来。钱三强又问："他们为什么要这样做？"朋友说："他们说中国红军到巴黎了。他们还准备了手枪……"钱三强听到这个可怕的消息，胸中不由得燃起愤怒的烈火。他愤愤地说："用武力镇压真理和正义，这样的政府是不会长久的。"

大会举行当天，钱三强没有退缩，毫无畏惧地走进会场，发现到会的人很多，有留学生，有工人，还有不少卖石刻的青田小贩。一些不明身份的人虎视眈眈，使得会场的气氛十分紧张。"形势有些变化，一定要见机行事。"中共旅法支部的负责人袁葆华望了望会场，轻声对孟雨说。

不一会儿，一个留着两撇小胡子的人带着一批打手，首先登上主席台，打出了"拥护蒋委员长戡乱救国方针"的标语。接着，有人以会议主席的身份发言说："共产党在国内正闹事，我们要以旅法华侨的名义，发通电支持国民政府戡乱！""我们要支持国民政府！"台下一片狂叫："好！我们来表决，不同意的请举手！"会场出现了一阵短暂的沉默。"会议主席"满脸奸笑，眼看阴谋就要得逞，准备宣布"一致通过"。

就在这时，钱三强站了出来，高高地举起手说："我要发言！"接着，他快步走上主席台，声音洪亮、铿锵有力地说做事要符合民意，接着提议："既然有人提出要以旅法华侨的名义发通电，我们每个人都要负起责任来，谁赞成发通电，就请到主席台上来签自己的名字！"

顿时,会场又沉默下来。钱三强又高声补充了一句:"谁同意发通电,就上来签名吧!"

台下的进步华侨和旅法支部的人马上响应:"对!都站出来签名!"

钱三强的提议,使那些捣乱的人措手不及,没有人敢上台签名,也不知道到底该听谁的,会场顿时乱成了一锅粥。

"想发通电,又不敢签自己的大名,这是什么样的人?这种人就是王八蛋!"钱三强冒出一句粗话。他话音刚落,就有人喊道:"怎么骂人?""谁是王八蛋?"还有人喊道:"打死他!打死他!"

会场更加混乱了,没有人再提发通电的事情,不久,大家都离开了会场。第二天,在巴黎的一些中文报纸上,钱三强被风趣地誉为"李逵式的人物"。

多年以后,很多参加过这次大会的人写材料称赞钱三强的勇敢和机智。孟雨也写了,而且写得很具体:"钱三强同志为人刚毅忠实……尤其是该年(1946年)7月7日在巴黎召开的旅法华侨和留学生和平促进会大会上,他与蒋驻法使馆国民党特务头子所率领的浙江侨商400余人携带武器霸占会场的斗争,表现了他的大无畏精神。他在混乱的会场上,在特务势力的压迫下,曾正言厉色、不屈不挠地揭破蒋利用美元发动内战,妄图消灭进步力量的美梦,几乎冒着生命危险。这是事实,这是为吾党在法的同志及在法的进步华侨人所共知的事实。"

不久后的一天,钱三强应邀来到东方饭店,孟雨带来一位中国女同志,对钱三强说:"你看这是谁?还认识吗?"钱三强定睛一看,差点叫出声来,站在他面前的不是别人,正是在"一二·九"运动中发表演说、被军警逮捕过的陆璀同学。她和何泽慧在苏州振华女中就是同学。钱三强把她请到自己家中,与何泽慧见面。在异国他乡喜逢故友,何泽慧惊喜万分。原来,陆璀也是中共旅法支部的成员之一,这次来访是为了传达支部的安排。为安全起见,中共旅法支部让钱三强尽量少参加政治活动,韬光养晦,将来回国建设未来的新中国。

2. 一心归国的海外赤子

钱三强在法国组建温暖的小家庭后,女儿祖玄很快在法国降生了。与此同时,他在科学研究方面也不断取得新成就,居里实验室的同事们都以为他会留在法国,继续进行科学研究。

然而,钱三强心里非常明白,饱经战祸的祖国还很贫穷、很落后。可也正是因为贫穷落后,才需要众多知识分子为祖国贡献个人的知识和力量,使她逐渐强盛起来。他感到祖国时刻在召唤自己。

一天,钱三强从实验室回到家已经是晚上 10 点,妻子和女儿都已入睡。他悄悄从衣袋里取出母亲的来信,在昏暗的灯光下展信阅读,信中写道:"吾儿三强知之……自你父去世以后,我的身体一年不如一年,近来常觉心疼痛。回想咱母子已是 11 年不见了,倘若你有意定居国外,为母不会阻拦。但望你抽空回国一趟,母子难得相聚,否则……"读到这里,他两眼满含热泪,再也读不下去了。父亲临终未能相见,那是因为第二次世界大战的阻隔。如今战争结束了,和平已经到来,岂能再让母亲忍受骨肉分离的痛苦呢!

这一晚,他辗转难眠。第二天天未亮,他拉开窗帘探头向窗外望去,惊奇地看到深沉的夜空上挂着一弯新月,离那新月不远的地方,是他在北平时经常看到的启明星。"啊,那是金星!是启明星!是故乡的星!"他久久凝视着那颗家乡的星,它似乎在提醒他,是踏上归途的时候了!

这时钱三强的科学成就在国内学术界传播开来,而且反响强烈。国内几所高校和研究机构纷纷发电报或写信,邀请他回国执教、做研究。北京大学校长胡适在电报中邀请他到北京大学物理系任教,还寄出正式聘任钱三强和何泽慧为北大物理系教授的聘书,并汇了 800 美元作为他们的路费。清华大学校长梅贻琦也邀请钱三强到清华大学物理系任教，随后寄出正式邀聘文函，同时汇了 500 美元路费。北平物理研究所所长严济慈在电报中邀请钱三强和他一起从事核物理研究。此外，中央大学、中央研究院也都寄来热情洋溢的邀请函。

钱三强的母校清华大学，有他最敬佩的周培源教授。周培源那渊博的知识、民主的作风、慈祥的学者风度，对他具有强烈的吸引力，他的首选自然也是那里。所以，他接受了清华大学寄来的邀聘函，并写了一封感谢信。此外，他选择清华大学，还有一个更深层的原因：清华大学同意了他的建议，计划拨款 5 万美元建立一个原子物理研究中心。所以，钱三强果断决定于 1948 年回国，尽管这时他们的女儿出生才几个月。

在巴黎绚烂多姿的春天，钱三强独自一人来到凯旋门旁，与中共旅法支部成员孟雨见面。巨大的凯旋门西侧有几座浮雕，在那座名为"出征"的浮雕上，一位勇士右手握剑，放声大喊着要为自由而战。这些大无畏的为国捐躯的勇士，令钱三强由衷地敬佩。在他看来，这些无名战士活着战斗的时候从来没想过荣华富贵或名满天下，他们心甘情愿地为祖国献出宝贵的生命。凝视着眼前这些无名烈士的雕像，他暗暗对自己说："终有一天，我也会用自己的努力让祖国变得更加强大。"

孟雨如约来到凯旋门旁。他们在一条长椅上并排坐下,钱三强把自己回国的打算告诉了孟雨。孟雨对他说,国民党政府已经处于风雨飘摇的境地,解放军正以摧枯拉朽之势,拉开解放全中国的序幕。

钱三强兴奋地说:"形势发展真快呀,比我们预料的还要快。"

孟雨告诉钱三强:"全国人民获得解放的日子比我们预料的都要快。刘宁一同志还要亲自和你谈一次话。"

之后,在卢森堡公园,钱三强见到了中共旅法支部负责人刘宁一,他开门见山地问道:"我们夫妇这次回国,不知道组织上还有什么安排?"

刘宁一说:"你们夫妇回国以后,最好在北方一所大学先安置下来,专心教书,不要过问政治。反对派如果来纠缠,尽量不要理会他们,政治上装糊涂。因为斗争形势非常复杂,谁进步,谁落后,你一时闹不清楚。最好多观察,少表态,装作一位旅居海外多年、不问国内政治的教授。待时机成熟后,我们会主动找你。3年之内解放全中国,是完全可能的。"

临别时,刘宁一紧紧握住钱三强的手说:"回国后,踏踏实实教书,为新中国培养一批知识分子,迎接全国解放!"

钱三强想起上次集会以后,刘宁一立即派孟雨来告诉他:"今后不要再出头露面,不要过问政治,埋头搞研究。你的思想状况党组织已完全了解。"现在刘宁一又对自己这般嘱咐,钱三强内心深为感动,仿佛有一股暖流传遍全身。他眼含热泪,紧紧握着刘宁一的手,连连点头。

最后,刘宁一深情地向钱三强道别:"三强同志,我们北平再见!"

"我们北平再见!"钱三强重复着刘宁一的话语。

钱三强急切想要回到祖国的怀抱,但在离开巴黎之际,难舍与留恋突然涌上他的心头。他再次走进居里实验室,这里是他洒下过无数汗水的地方,往事历历在目。他仍然清晰地记得,在这间实验室里,伊莱娜身穿白色的工作服,友好地接待了他。这里有他青年时代的美好回忆,这里是获得"三分裂"科研成果的大本营。在这里,他还收获了美好的爱情与家庭,他留恋这里。

约里奥听说钱三强要回国,起初并不是很支持,他认为中国正处于战乱之中,钱三强现在回国不可能马上顺利地展开科学研究工作,而对科学家来说,时间异常珍贵,眼下正是钱三强科学研究的一个重要时期,他不希望钱三强因此中断研究工作,想让他继续留在巴黎从事科学研究事业。

钱三强很感激约里奥对自己的关怀和爱护,但他决心已下,于是诚挚地对约里奥说:"我同样想到了这些,也舍不得离开这里。我的科学生涯是在您和小居里夫人的指导下开始的,我永远不会忘记这一点。但同样,我从来也没有忘记我的祖国,现在我的国家很落后,正需要发展科学技术,我想我应该尽早回去为祖国效力."

作为一个关心政治和国际形势的科学家,约里奥完全理解钱三强此刻的心情,他知道,如果他处于钱三强的位置,也会做出同样的决定,因此他不再劝阻,还送给钱三强一包放射源,并告知相关的保密数据,供其回国研究之用。这是约里奥花了几十年的心血得出的成果,钱三强对此感激不尽。这包放射源为中国后来的核物理研究奠定了基础。伊莱娜也很关心钱三强回国后的研究工作,她对钱三强说:"你在实验室做的各种小放射源和一些放射性废渣、原料,都可以带回去,将来会有用的。"伊莱娜给钱三强的临别赠言是:"为科学服务,科学为人民服务."

之后,约里奥-居里夫妇为钱三强和何泽慧饯行,并和他们在后花园合影留念。伊莱娜郑重地将一份由她和约里奥签名的评议书交给钱三强。评议书上写道:

物理学家钱先生在我们分别领导的实验室——巴黎大学镭学研究所和法兰西学院核化学实验室从事研究工作,时近10年,先将我们对他的良好印象书写如下,以资佐证。

第四章 坚定的报国心

钱先生在与我们共事期间，证实了他那些早已显露了的研究人员的特殊品格，他的著述目录已经很长，其中有些具有同等的重要性。他对科学事业满腔热情，并且聪慧有创见。我们可以毫不夸张地说，10年期间，在那些到我们实验室并由我们指导工作的同时代人当中，他最为优秀。我们这样说，并非言过其实。在法兰西学院，我们两人曾多次委托他指导多名研究人员，这项艰难的任务，他完成得很出色，从而赢得了法国和外国学生们的尊敬和爱戴。

我们的国家承认钱先生的才干，曾先后任命他担任国家科学研究中心研究员和研究导师的高职。他曾受到法兰西国家科学研究院的嘉奖。

钱先生还是一位优秀的组织工作者，在精神、科学与技术方面，他具备研究机构的领导者所应有的各种品德。

就这样，钱三强夫妇告别了法国的师友，怀着对祖国的赤子之情，带着建设祖国的殷切期望，他们踏上了归国的旅途。

客轮驶向大海深处，海浪在舷边翻腾，钱三强不由得心潮澎湃：从23岁到34岁，他人生中最宝贵的11年，远离家乡，在异国漂泊；这11年的苦斗，使他赢得了科学的馈赠，青春没有虚度。回首往事，他无限感慨；展望未来，他满怀希望。

3. 突破阻挠，坚持北上

1948年6月10日，钱三强和何泽慧抱着襁褓中的女儿，经过一个多月的海上颠簸，终于回到祖国的怀抱，在上海登岸。

何泽慧的弟弟何泽诚赶来迎接他们，把他们送到位于上海的北平研究院镭学研究所，当时何泽慧的表姐夫陆学善在这里主持工作，他们便在这里暂住下来。

然而，满怀希望的钱三强很快就遭遇了回国后的第一个困难。他遇到一件令他大失所望的事情——海关扣留了他的行李。他去与海关交涉，说明行李中并没有携带任何违禁物品，询问为什么要扣留他的行李。海关人员却说他们也无权检查，只是执行命令而已。之后中央研究院、北平研究院出面与海关协商，海关人员仍说他们无权处理此事。原来扣留行李的不是海关，也不是国民政府，而是美国暗中作祟，他们无法容忍中国拥有核材料。当时的中国海关处在美国的控制下，所以钱三强只能静观其变。

就在梅贻琦等人急切盼望钱三强早日到校之际，又发生了一件更大的事件——钱三强一心向往的清华大学原子物理研究计划，突然遭到封杀。美国驻华大使馆根据获得的情报，开始调查北平原子核研究计划及其主要负责人钱三强，还有他在法国的老师约里奥。

7月19日，美国大使馆给中央研究院总干事萨本栋发函，函件中说：

有报告显示，北方一组科学家要求中国政府允许在北平建立原子能研究中心。根据美国大使馆得到的情报，一位姓钱的先生将领导这个研究中心。据报告，钱先生是法国约里奥-居里夫妇以前的学生，他发现了一种产生原子能的方法。我将十分感激您对这一报告所提供的任何情报。

如蒙允许，您对这一事件发展为我提供的真实情报和您对任何相关进展的可能性所做出的评论，将受到重视。

随后，萨本栋亲自写了一封密电，发给梅贻琦和胡适。第二天，他又写信给梅贻琦说："昨得美国大使来函，询问北方科学家拟请政府在北平创立原子能研究中心，并已定由钱三强主办一事。窃以此项宣传似非其时，曾电请转促注意。至恳赐办。"

梅贻琦不明白中央研究院为何出面过问此事，于7月25日写信说明了北平计划的必要性。但美国大使馆步步紧逼，天天打电话催问，萨本栋无奈，只得将美国大使馆的查询函照复印了一份寄给梅贻琦和胡适，并在上面附言说明问题的关键所在，其中有"外交秘密不便奉告"之辞。

从种种迹象看，这可能与钱三强的导师约里奥有关。约里奥是法国共产党员，为了世界和平，他呼吁全世界反对美国制造核武器，并公开指责美国。美国对他颇为忌惮，曾迫使法国政府撤掉其法国原子能总署的高级专员职务。而钱三强是约里奥的学生，让他主持北平原子能研究中心的工作，显然是美国不愿看到的。

这时的上海，上千名学生正喊着"要饭吃、要和平、要自由"的口号在大街上游行，却遭到军警特务的殴打。各校学生以罢课表示抗议，北平、上海、苏州、杭州16所专科学校的学生在南京组成请愿团，进行示威游行，又遭军警镇压，受伤者100多人，被捕者20多人，酿成震惊全国的"五二〇血案"。在这种背景下，"反饥饿，反内战，反迫害"运动，很快在全国范围内开展起来。

11年前钱三强离开祖国时，学生的抗日行为遭到国民党当局的镇压；如今，学生们要求"和平、民主、自由"的意愿又遭到国民党当局的反对。时隔多年的相似见闻，让钱三强对国民党统治心生不满。

当时何泽慧的父母住在苏州，所以在行李被海关扣留期间，钱三强把何泽慧母女送到苏州住了将近一个月，他则前往上海、南京与学界同人见面叙旧，交流座谈，并先后在中央研究院物理研究所、上海市立科学馆、中国科学社发表演讲，引发了一股"钱三强回国"的热潮，很多机构邀请他去演讲。

在南京，国民政府教育部部长朱家骅特地摆了一桌酒席，为钱三强回国接风，并劝说钱三强留在南京。钱三强面露难色，摇头道："非常感谢您的盛情，我这次回来是专程看望母亲的，我和母亲已经11年没有见面了。"朱家骅听了连声赞道："钱先生是孝子，应该如此，应该如此。"但他仍不甘心，又说："你先回北平看看，只要你愿意南来，什么时候都可以，我们欢迎。"

一直到8月初，上海海关才终于放行了钱三强被扣的行李。10只木箱被打开了3只，物品与货单相符，没有挑出毛病。一位老师傅悄悄对钱三强说："我以为有什么贵重物品呢。你们大概得罪了什么人，赶紧走吧！"这让钱三强想起离开巴黎前，据说驻法使馆武官处曾放出一句话："他要回国，叫他上得了岸才怪呢！"看来形势远比想象中险恶。

4. 在黎明前的北平

1948年8月末,钱三强带着妻女回到了北平。他的母亲强忍病痛,走出大门来迎接儿子一家。见面后,老人家流下激动的泪水,她端详着自己的儿子和儿媳,用颤抖的双手抚摸着孙女。钱三强难以抑制自己的感情,抱住母亲,像孩子一样大哭起来。

11年没有见到母亲了,钱三强发现母亲比以前苍老了,白发也多了许多。他听哥哥说,这些年来,母亲无时无刻不在思念自己,有时甚至彻夜难眠,担心他在外面过得不好,时常看见她独自静静地靠在窗前,轻声叹息。父亲患重病以后,家里的重担就落在了母亲身上,她除了操持家务,还要照顾父亲,每天起早贪黑,忙个没完。也许是想见儿子的渴望太过强烈,这么多年来,她全凭毅力支撑着,即使生活再艰难,病魔再猖狂,她都咬牙坚持等儿子回国,母子团聚。

看到儿媳妇,母亲心里有说不出的高兴。原来只是在照片上见过,如今两条长长的麻花辫子剪短了,但是那身材、眉眼,还有好看的笑容,都没有变。早年间,母亲就琢磨着儿子要是能找到这样一个媳妇就好了,没想到真的如愿以偿，钱三强的母亲拉着何泽慧的手连说"这是钱家几辈子修来的福分"。老人久久不愿松手，上上下下看了又看：真是天生的一对！她又抱过孙女，亲了又亲，过了一会儿，她若有所思地小声说，自己的老伴要是能活到今天，看看他的儿媳妇和孙女该多好啊！如今儿子已成为年轻有为的科学家，又有这么好的媳妇和可爱的孩子，他要是九泉之下有知，也该满足了！

这11年里，钱三强思念母亲的程度绝不亚于母亲思念自己。他永远记得母亲年轻时的穿着打扮，母亲爱吃的食物，母亲喜欢的花草。他没有忘记自己生病的时候，母亲守在床边寸步不离，直到自己的病情有所好转。在他心里，母亲的位置无可替代。

钱三强回到北平不久，就到了中秋节，在这阖家团圆的日子，母亲亲手做了月饼和烧肉，并将这些食物和水果当作祭品摆在钱氏神主前。时至今日，母亲还做着和11年前一样的事情，但钱三强明显感觉到母亲的动作迟缓了。看着母亲步履蹒跚、忙里忙外的身影，他不由得一阵心酸。

钱三强的回归使沉寂的北平学界热闹起来。北平研究院举行了建院以来最隆重的一次欢迎会，并于9月10日宣布组建原子学研究所，所长为钱三强，何泽慧也被聘为研究员。

因为要在两个地方上班，钱三强有了两个家，一个在城里，一个在城外。城外的家位于清华园北院 7 号，每当备课授课繁忙时，他就住在这里。不久，彭桓武从云南大学到清华大学任教，也住在清华园北院 7 号。这里一度成为清华大学物理系的大本营，有很多个夜晚，钱三强、彭桓武等人在这里谈学术，谈时事，谈生活，在观点的碰撞中闪现智慧的火花。有的时候，他们也各自忙于备课，互不干扰。钱三强在城里的家位于月牙胡同的北平研究院宿舍，每当到原子学研究所上班时，他就住在这里，还把母亲接来住了一段时间。

回到清华大学不久，物理系召开了一次会议，请钱三强作演讲。钱三强在演讲中着重介绍了欧洲科学事业的发展及科学机构的建立。他指出，第一次世界大战结束后，人们认识到科学的重要性，开始建立相关研究机构，不过规模并不大，设备也不齐全。第二次世界大战给人类带来巨大灾难，但也为现代科学技术的发展创造了契机。它使人们进一步认识到要大力发展科学，增加科研基金，扩大实验室。此后，研究机构开始成为独立的系统，以科学研究为主要任务，教育只是其功能之一。研究工作从个人单打独斗走向集体合作，研究人员可以全身心地投入研究工作。

联系到中国的现实，钱三强说："总之，欧洲科学研究之组织已日趋完善，其发展是很可观的。这次我回到祖国,看到国内科学界的情形与若干年前没有多大区别。各大学门户之见甚至各系之间的相互摩擦依然存在。诸位是未来科技界之后备军,我希望你们将来进入社会要根绝这种毛病,要打破为清华大学,甚至为清华大学物理系努力的观念,你们要为之努力的是整个中国物理学界!"

听了钱三强的演讲,与会者陷入了沉思。在旧中国即将崩溃之时,能够听到这样掷地有声的讲话,无异于打开了一扇窗子,呼吸到一股清新的空气。《中国新闻报》为这次会议发表了长篇通讯,开头就做了这样一段描写:"在开会前,科学馆的门口即挤满了同学,大家都以急切的心情盼望着、等待着一向景仰的钱先生的来临。钟声敲过了七点半,钱先生终于准时地来临了。中等的身材,穿着朴素的西服,满面的笑容,使人一见便泛起无限的钦仰。"

钱三强任教不久便找到清华大学校长梅贻琦,对他说:"与世界先进国家比较,我们国家的原子科学落后了几十年,应该把全国的人才联合起来,大家齐心协力一起努力才行啊!"

看着眼前这位年富力强、劲头十足的年轻教授,梅贻琦叹息道:"你说得对,可是各立门户久已成风,谁能把这些人才聚拢团结在一起呢?"

钱三强不甘心,又去找北京大学校长胡适,提出了同样的建议。当时胡适可以和国民党当局最高领导人直接对话，但他听了也摇摇头，无奈地说："门户之见，根深蒂固。目前国内的情况你也清楚，两派楚河汉界，北平和南京各搞一摊，把几方面的人拢在一起，实在非常困难呀！目前还是各干各的，尽力而为吧！"

钱三强退了一步，又去找北平研究院副院长李书华，希望北平的三个单位能够联合起来，共同合作。李书华表示："大家先各做各的事情吧，等到时机成熟，开学术讨论会还有可能办到，其他想法恐怕是不易实现的。"

接连几次碰壁后，钱三强更深刻地感受到现实的压力。如果没有一个良好的学术环境，开展研究、实现进展突破将举步维艰。无奈之下，他只得在清华大学授课之余，每周又在中法大学举办一次核物理学讲座，对外开放，自由参加。与此同时，他还请北京大学出版社翻印了三本他从法国带回来的有关原子核物理学的文献。

时代的车轮不可阻挡地滚滚向前。1948 年 9 月，华东野战军攻克济南，全歼守敌 11 万。北平守敌已处于孤立无援的绝境。

黎明前夕，北平的学生不断组织罢课、游行。清华大学的学生也在酝酿一次全校总罢课。校方十分紧张，物理系主任找到钱三强，对他说："你是有名望的教授，你讲课学生喜欢听，希望你能继续上课。"

第四章 坚定的报国心

钱三强抱着讲义向课堂走去,经过挤满学生的走廊,走进教室,站到讲台前。看着眼前一张张年轻的面孔,他想起当年的"一二·九"运动,那时他和这些学生一样年轻,为了反对卖国贼、呼吁抗日救国而不顾军警阻拦,撞开西便门,冲进市区游行。今天学生们是为了反对腐朽没落的蒋家王朝,看到他们,他仿佛看到了曾经的自己。

"同学们,今天全校学生罢课,你们很想参加又怕耽误上课,是不是?那好,今天的课不上了,以后找时间补!"他的声音不高,却很有分量,像一把火燃起了学生们胸中的爱国情感——"走,游行去!"

1948年年底,国民党政府已是风雨飘摇、岌岌可危,朱家骅、傅斯年、蒋经国等人根据蒋介石的授意,制订了所谓的"平津学术教育界知名人士抢救计划",将四类人列为"抢救对象":第一类是各院校馆所的行政负责人;第二类是"因政治关系必离者";第三类是中央研究院院士;第四类是在学术上有贡献并自愿南来者。名单中列了40余人,连同家眷约300人,分批次乘机离开。钱三强被列入第四类。

12月中旬的一天,北平研究院总干事突然来到钱三强家里,神色紧张地对他说:"南京政府派飞机来接一批学术教育界知名人士南迁,钱先生您也名列其中。"说完便将登机通知交给他,嘱咐他抓紧准备一下。

北平学术界变得惶惶然，不过钱三强早已决定不去南京，所以他无须纠结，只是要找一个合乎情理的理由。他对总干事说："家母重病不起，孩子尚在襁褓，我此时恐怕不能离开她们去南方，万望体谅。"

总干事听了小声提醒道："先生如果决定不走的话，总要找地方避一避。"

钱三强谢过总干事后便把家里的事情托付给五弟，自己连夜骑车赶到清华园。到了清华园北院 7 号，他才知道叶企孙也接到了南迁通知，并且也找借口拒绝了。

1949 年 1 月 31 日，北平和平解放。锣鼓声、鞭炮声、欢呼声汇成一曲最壮丽的凯歌，人们涌上街头，欢天喜地地迎接解放！钱三强也在欢迎的人群中，人们看到人民解放军威武雄壮的队伍走过来，意识到是他们驱走了寒冬，带来了温暖的春天！

中国的历史从此翻开了崭新的一页！

第五章　初创中国核事业

新中国成立后，党和国家对钱三强给予充分的信任。钱三强积极参与筹建中国科学院，受命组建近代物理研究所，并在国内外大力招揽有识之士，团结全国核物理学界的科学家。在一穷二白的情况下，他们以"自己动手，丰衣足食"的信念开辟科学研究的新园地，为中国原子能事业的发展打下了坚实可靠的基础。

1. 和平大会与科学外汇

1949年3月23日下午，中共中央机关从河北省平山县西柏坡迁往北平，钱三强作为进步民主人士代表到西苑机场迎接。下午4点整，一列长龙似的车队开进西苑机场，车上坐着中国共产党的领导人毛泽东、朱德、刘少奇、周恩来、任弼时等。钱三强站在欢迎的行列里，心情格外激动。领导人下车向他们走来，一一与他们握手致意。

北平刚解放，北平文管会便派人与钱三强取得联系。在文管会驻地，钱三强见到了负责接管文教单位的周扬、钱俊瑞等人。周扬对他说："三强同志，党组织了解你的情况，欢迎你和我们一起工作。"

这年春天，一位叫丁瓒的同志通知钱三强准备参加中国人民和平代表团，出席世界和平拥护者大会。丁瓒早年在上海从事地下工作，后来到美国芝加哥大学留学一年，这次担任代表团副秘书长，代表团团长是郭沫若。钱三强还高兴地得知，这次大会将在巴黎举行，而大会主席正是他以前的导师约里奥。

作为一名核物理学家，钱三强在法国学习和工作很多年，一直想用自己在外国获得的经验为祖国做点事情。这次有机会前往法国，他自然很珍惜这个难得的机会。

第二天，他急切地找到丁瓒，开门见山地表达了自己的心愿："这次咱们去巴黎参加和平大会，能不能带上一些外汇？这是个千载难逢的机会，我想托我的老师约里奥先生帮忙购买一些科学研究必需的仪器设备和图书资料。有约里奥先生的疏通，相信不会有什么问题，这样别的国家不卖给我们这些仪器设备，也问题不大。"

"大概需要多少钱？"丁瓒问。

钱三强想了想说："20万美元。如果一下子拿不出那么多，就带5万美元。"

丁瓒大吃一惊："什么？20万美元？"

钱三强连忙解释道："原子核科学的研究实验设备都很昂贵，按将来的需要来说，20万美元只是个零头。不过目前这个要求可能不太现实，我想先跟你商量，如果你觉得不妥当，就不要向上面反映了。"

丁瓒表示要向上面反映，但恐怕希望不大。

事后，钱三强有些后悔，心里忐忑不安。眼下解放战争还在进行，人民解放军正准备南下；北方许多大城市仍是一片废墟，百废待兴；农村自然灾害严重，亟须救济。国家经济极为困难，他在这个时候提出用外汇购买仪器设备，显然是给组织出了一道很大的难题。

钱三强原本以为购买设备的事情泡汤了，没想到在中共领导人进城的第三天，他突然接到中南海的通知，让他去一趟。

中共中央统战部部长李维汉在中南海接待了钱三强，他热情地招呼道："钱三强教授，我早就听说了你的大名。我们这些老留法学生知道你在法国的科研成就后，都以你为荣啊！今天约你来，是商量一下你的建议。中央领导已经研究过了，周恩来同志认为你的建议很好，决定给予支持，现在先拨出5万美元，交由你到法国使用。用款时，你和代表团秘书长刘宁一商量着办就行了。"

听到这个突如其来的好消息，钱三强激动得抓起李维汉的手，一时不知说什么好。

钱三强生前一直不知道周恩来在怎样的情况下批准了他的要求。后来出版的《周恩来文选》中有一篇文献披露了此事。那是在1949年3月22日，也就是中共中央及所属机关离开西柏坡的前几天，周恩来签发了电报《关于参加世界和平拥护者大会的中国科学技术界团体及人员的意见》，回复北平文管会有关问题的请示。电报共批复了八个事项，其中第八条写道："钱三强购买实验设备事，请先调查外汇如何汇去，实验设备如何运回。到之，具体情况待面谈。"

从现在来看,这笔外汇数额并不大,但是在当时全国吃紧的情况下,国家毫不犹豫就批准这一提议的果决与长远考虑令钱三强难以忘怀,记忆深刻。1990年10月,他在回忆这段经历时写道:

> 当我拿到那笔用于发展原子核科学的美元现钞时,喜悦之余,感慨万千。因为这些美元散发出一股霉味,显然是刚从潮湿的库洞中取出来的。不晓得在战乱之中它曾有过多少血与火的经历!今天却把它交到了一位普通科学工作者手中。这一事实连我自己都无法想象。
> ⋯⋯⋯⋯
> 由此往前不到半年,就是1948年下半年,也是在这个北京城,我曾经为了适当集中一下国内原子核科学研究力量,几番奔走呼号,可是每回都是扫兴而返。
> ⋯⋯⋯⋯
> 几经碰壁,希望化为泡影。我苦思着,辗转反侧,夜不能寐。一个多世纪以来,中华民族落后挨打,遭践踏,受侵略,能够简单归咎于经济贫困,没有能力发展事业吗?能够说是中国缺乏仁人志士和中国人智力低下吗?自然不是。造成这种历史屈辱的根蒂,在于当政者愚昧、腐败、无能!
>
> 而眼下这些新的当政者,完全是另一种情况了。尽管

5万美元对于发展原子核科学所需，不是多大的要求，然而他们的远见卓识和治国安邦之道，一举之中昭然天下，让人信服，给人希望。

1949年3月29日，钱三强跟随中国人民和平代表团从北平乘坐火车前往法国巴黎。4月11日抵达莫斯科后，他们得知法国政府拒绝给一些由共产党组团参加的代表团发放入境签证。这显然是因为一些西方国家敌视共产党，把世界和平拥护者大会变成了它们的政治工具。大会主席约里奥毅然决定，在捷克斯洛伐克的首都布拉格设立分会场，通过无线电连通主会场，并派伍斯特博士和恩纳特斯·卡亨到分会场现场指导，协调共同行动。

会议可以在布拉格开，可购买仪器设备的事怎么办呢？钱三强想出一个办法，从带来的5万美元中拿出5000美元，辗转托人带给他的老师约里奥，请求帮助。约里奥-居里夫妇的女儿海伦后来到中国访问，对钱三强说，她的父亲收到这些美元后特别慎重，将钱包得严严实实，埋藏在小花园的一棵树下。

后来，约里奥请留法学者杨承宗买了一些仪器、书籍、同位素、计数器以及探查铀矿必需的标准源等。当时，一般的计数器是二进位，常见最好的计数器也只有十六进位。20世纪50年代苏联给中国的计数器为二进位，而法国原子能委员会有一种一百进位的，但要购买必须得到法国原子能委员会主任的特批。当时朝鲜战争已经爆发，中国受到西方国家的全面封锁，西欧各国凡是军用物资和尖端技术都要经过一个特设机构的批准才能出口，所以困难重重。

天无绝人之路，经同事布歇士牵线，杨承宗认识了同在居里实验室工作、研究物理的尼斯·白朗，而他正是法国原子能委员会主任白朗的儿子。当白朗到居里实验室来看望伊莱娜时，杨承宗从尼斯·白朗那里得到消息，连忙跑去求见，提出购买一百进位计数器的请求。伊莱娜也在一旁帮腔，说中国想要研究同位素在医疗方面的应用，所以还要买点同位素。出于人道主义的考虑，白朗签字同意了。

受当时"冷战"形势的影响，定购中型回旋加速器的电磁铁的计划未能实现。杨承宗回国前，约里奥还对他说："你回去告诉毛泽东，要保卫世界和平，要反对原子弹，就必须有自己的原子弹。原子弹的原理不是美国人发明的，你们自己有自己的科学家嘛！"

1949年4月17日，中国代表团抵达布拉格。4月20日，世界和平拥护者大会开幕，约里奥在开幕式上发表了讲话，对法国当局拒绝让一些国家代表团参加大会的做法进行谴责，他气愤地表示："真理的旅行是不需要签证的！"他对西方强权政治的蔑视，以及对渴望和平的国家与人民的支持，赢得了两个会场与会者热烈的掌声。约里奥在讲话中还指出，在原子时代到来之际，召开这次大会的首要任务就是维护和平，反对战争，全世界共同制止原子战争，对此，各国科学家肩上都担负了特殊的责任。最后，约里奥呼吁：

不能用消极的和平主义来表达我们的和平愿望。对于那些还没有认识到战争危险的人，我们应当向他们指出这种危险性；对于那些像我们一样愿意保卫和平的人，我们要给他们提供方便；对于那些明知战争的危险而偏要战争的人，我们要坚定而冷静地告诉他们，我们是要和你们清算的。我们呼吁一切善良的人们起来避免战祸。要充分认识到我们自己的力量，要相信在这场斗争中我们必将胜利。

4月23日，大会正在进行时，分会场播发了一条来自中国的消息——中国人民解放军胜利渡过长江，占领南京，在总统府大厦升起了红旗！分会场顿时响起一阵震耳欲聋的欢呼声，许多国家的代表纷纷上前与中国代表团成员握手、拥抱，祝贺中国人民的伟大胜利。身材瘦小的丁瓒还被一些国家的代表高高抛起，会场的热烈气氛达到了顶点。

当天晚上，布拉格大剧院举行了联欢晚会。除了预定的节目外，中国代表团还临时排演了一个秧歌剧，表演人员包括程砚秋、曹禺、丁玲、戈宝权等人，钱三强任指挥，他们只准备了5分钟就从容上台了，表演很成功，赢得台下人们的阵阵掌声。

晚会结束后，时间已经很晚了，钱三强仍然十分兴奋，全无睡意。其他中国代表团成员也都一样，激动得无法入睡。郭沫若索性叫来钱三强，兴高采烈地谈论白天的情形："今天真使我们扬眉吐气！党中央决断多么英明啊！没想到就在今天把旗子插上了蒋介石的总统府！真叫全世界震惊！这次会议真是收获很大，其意义无可估量。你的老师约里奥是世界和平事业的一面大旗，令敌人闻风丧胆。"

钱三强点头称是："他一向旗帜鲜明，无所畏惧。"他对恩师约里奥的敬意更深了一层。

郭沫若也由衷地赞扬约里奥："他真是一位伟大的朋友。他不仅是中国的朋友，也是全世界的。"

2. 参与筹建中国科学院

世界和平拥护者大会结束后，钱三强回到北平，此时各项事业都在紧张有序地进行着。科学技术界正在发起组织中华全国自然科学工作者代表会议（科代会）筹备委员会的促进会，经过酝酿，拟定了205名筹备委员，钱三强也名列其中。在1949年6月19日举行的科代会筹备委员会第一次会议上，钱三强当选为领导机构成员。

早在参加世界和平拥护者大会时，丁瓒就向钱三强透露中央有建立统一的中国科学院作为全国最高科学机构的意图，并说明中国科学院由郭沫若负责。5月6日，钱三强与郭沫若、丁瓒一起到莫斯科访问了苏联科学院，了解苏联科学院的组织情况。回国后，根据中宣部部长陆定一的指示，钱三强和丁瓒共同起草了《建立人民科学院草案》，其中，院部任务与组织机构部分由丁瓒负责，研究所部分由钱三强负责。起草之前，他们广泛听取了科学界人士的意见，并对当时国内科研机构的情况进行了调查分析。许多科学家认为，过去两大国立研究机构——中央研究院和北平研究院各自为政，机构重复，双方都只关心自己的研究，从未发挥计划与领导全国科学研究工作的作用，与大学和其他科学研究机构缺乏密切的交流合作。不过，两院毕竟有多年的积累，在人才、图书、设备和研究工作等方面均有相当规模，所以，新的科学院应在此基础上整改，从而广泛地团结科学人才。

草案最初的讨论是在钱三强家里进行的，由黄宗甄做记录。后来黄宗甄回忆道：

在政协开会前，有一天，丁瓒约恽子强和我到泰安巷北平研究院宿舍钱三强家聚会。恽子强因有事未能来，我和丁瓒去了，在钱家用了午餐，畅谈了一个下午有关新中国人民科学院的规模、组织、方针等，主要由钱三强提出，我做的记录。钱三强在法国多年，一直做研究工作，熟悉法国研究机构的情况。当时法国有以约里奥－居里为负责

第五章 初创中国核事业

人的国家科学研究中心,包括许多做实际工作的机构。还有苏联科学院也是这样。可以说,我们筹建科学院的雏形是苏联、法国类型的,而且与中国原有的机构也相近。当时钱三强很强调这一点。

……

我当时根据记录整理出一份草案,交给丁瓒和钱三强,现在档案中还能找出这份草案和修改后的正式大纲。

在建院方案中,钱三强和丁瓒结合调查情况,主张改变"为科学而科学"的观念,树立"科学为人民服务"的意识;同时指出,科学院的基本任务是有计划地利用近代科学的成就,为工业、农业和国防建设服务,组织并指导全国的科学研究,奖励科学发现和发明,普及科学知识,提高科学水平。

1949年10月25日,建院方案在政务院(国务院前身,1949年10月至1954年9月期间国家政务的最高执行机关)第二次会议上讨论通过,确定名称为"中国科学院"。中国科学院的领导班子也随之确定下来,院长为郭沫若,副院长为陈伯达、李四光、陶孟和、竺可桢。院本部包括计划局、编译局、联络局、办公厅四个职能部门,钱三强担任计划局副局长,局长由竺可桢兼任。

很快,钱三强所在的计划局就展开了两项极其重要的基础性工作:

一是接收原先的研究机构，并提出新的整改方案。

尽管任务繁重、人手又少，但钱三强和竺可桢密切配合，不到半年便将24个旧研究机构调整为18个，新建研究机构4个，并提出了各研究所的主要负责人人选。这些研究机构涉及物理、化学、生物、植物、地学、天文、工学、数学、心理学，及社会学、语言学、近代史、考古学等，可谓涵盖面广。他们还对学科的发展进行初步布局，其中，物理、数学和社会科学以北京为发展中心，生物、化学和应用科学以上海为发展中心，地学和天文以南京为发展中心。事实证明，这一安排是比较合理的，在原有科研基础上，减少了重复，调动发挥各自所长。

这段时间，钱三强还继续考虑原子科学如何在中国起步的问题。他早就想在中国搞原子能，在参与筹建中国科学院的时候就已经跃跃欲试。他从自身的经历认识到：1938年发现核裂变，这一发现迅速导致原子弹、热核武器以及核潜艇的面世。所有这些新型武器装备对国际局势都产生了重大影响。基于此，中国科学院在第二年成立了近代物理研究所，其研究方向和任务是以原子物理学和放射化学为主，发展原子核科学技术的基础，为原子能应用做准备。对于近代物理研究所的所长人选，钱三强心仪的对象是自己的老师吴有训。当时吴有训正担任上海交通大学校务委员会主任、华东文教委员会副主任和华东教育部部长。在钱三强的极力劝说下，吴有训挑起这个重担。副所长则由钱三强本人担任（1951年2月改任所长）。

二是调查全国范围内自然科学研究机构和全国现有的专家情况，了解各人所长，以便人尽其才，发挥作用。

为了选聘国内专家，积极争取国外学者回国服务，钱三强和竺可桢展开了对全国科技专家的调查活动，了解到全国具有相当成就的自然科学家有865人，其中147人尚在国外。

钱三强回国初期曾向胡适、梅贻琦提出联合全国的物理学人才，齐心协力把原子核物理研究搞上去，但没有成功，现在他要亲自上阵去做这项工作了。他认为，让中国原子核物理研究起飞的一个重要因素就是要有领头人。在考虑由谁来当领头人时，他想到两个人选——浙江大学物理系主任王淦昌和清华大学教授彭桓武。

王淦昌作为钱三强、何泽慧的同行，早在20世纪40年代末就在报纸上看到关于钱三强、何泽慧发现铀核"三分裂""四分裂"的报道。他们都是清华大学的毕业生，只是钱三强入学时，王淦昌早已毕业。1949年春，钱三强在参与筹备中华全国自然科学工作者代表会议时，遇见了浙江代表王淦昌，两人交谈后，钱三强对王淦昌的见解十分赞成。事不宜迟，这年12月，钱三强给王淦昌写了一封信，邀请他到北京商量发展核科学研究的计划，以及从事核物理研究。

1950年2月，王淦昌来到北京，钱三强向他详细说明了自己对近代物理研究所的构想,以及中国原子科学的前景和面临的困难,两人聊得十分投机,仿佛遇到了知音。王淦昌很钦佩钱三强勇于开拓的坚韧精神,决心响应党的号召,投入新中国的原子科学事业中,并把自己在浙江大学建立的云雾室也运到了北京。

从此,王淦昌和钱三强成了亲密的朋友,事业为他们搭建起一座友谊的桥梁,他们成功开创了我国核物理学研究,进而发展了原子能事业。此后30多年间,王淦昌为我国"两弹"的研制做出重要贡献。在回顾中国核科学技术的发展历史时,王淦昌特别提到钱三强:"中国核物理有了钱三强的组织领导,团结了全国核物理学界,他的功劳很大。"

彭桓武也曾就读于清华大学物理系,只是他比钱三强高一届。留学期间他们在巴黎见过一面,聊到美国在日本投放原子弹的事情,两人心意相通,相约一定要想办法回到祖国,为祖国做些事情。回国后,他们一度同住清华园北院7号,中国科学院成立后又一起迁居"月季大院"。在"月季大院",钱三强凡有科学方面的信息,都习惯与彭桓武分享,听取他的见解。在钱三强的邀请下,彭桓武从1950年2月起,投入近代物理研究所的筹建工作。

在筹建中国科学院期间,钱三强心中的责任感和欢欣喜悦难以言表。1949年12月3日,他给法国的两位老师写信,告诉他们:"我被调到中国科学院,它属于政府组织内的一个独立机构,负责承担组建原子核物理研究所的工作。这个研究所将包括一个原子核物理实验室、一个宇宙线实验室、一个原子核化学实验室，还有一个涉及宇宙线和原子核的理论物理研究室。"他还特别向约里奥介绍说，理论物理研究室将由彭桓武负责。彭桓武在英国曾经指导过一个法国学生的博士论文，而约里奥对论文指导者给予过褒奖。钱三强想让自己的老师知道，中国近代物理研究所有优秀的人才，一定能够做好工作，不辜负老师的期望。约里奥－居里夫妇收到信后很快发来贺电，祝贺中国科学院近代物理研究所成立，并预祝取得原子科学事业的成就。当时我国正处于西方的全面封锁中，这是唯一一封西方科学家的贺电。

3. 为原子能事业广聚贤才

新中国成立以后，很多满怀报国热忱的爱国科学家回归祖国，一心想要建设国家。钱三强秉承着聚集人才的指导思想，认真对待发现和使用人才的问题。他深知，光有领头人还不够，近代物理研究所需要更多的人才。

在近代物理研究所的人才构成上，钱三强设想要建立起高级、中级、初级研究人员的金字塔结构。从 1950 年起，他在聚集人才方面做了四个方面的工作：

一是争取国外的中国科学家及留学生回国工作。

在参与筹建中国科学院时,钱三强便十分留意与原子核科学有关的专业人员。他将尚在国外的中国专家中凡与原子核科学有关而应努力争取的"专长者",都一一记下来,或写信,或托人转达,力邀他们回国到近代物理研究所工作。

早在1949年4月,他到布拉格参加世界和平拥护者大会时,就写了两封信寄往美国。他首先写信给何泽慧的姐夫、清华大学校友、金属物理学家葛庭燧,当时葛庭燧正在美国芝加哥大学工作。钱三强在信中说:"想到我们十三四年前曾经共同奋斗所想达到的目标,现在来了……关于全盘科学建设,得要新起的科学工作者来共同筹划,因此老兄回来是最好不过的。……全国建设立即要开始,请有志者共同来参加这项伟大工作。"在他的大力邀请下,葛庭燧放弃优越的工作环境和舒适的生活,和他的妻子、中国第一位女物理博士何怡贞带着一双儿女,乘坐轮船从美国旧金山起航。在11月回到祖国的怀抱后,他兼任美中科协与中国科协总会的联络人,致力于发动留美学子回国工作。

1950年4月27日,为了解除留美学者的顾虑,动员他们回国,钱三强又写了一封信给《留美学生通讯》(纽约)的编者,结合自身体会回答了留美学者共同关注的一些问题。谈及中国是否对留美学生实施特别政治训练,钱三强说:"凡是本身有用的人才,不是自私自利者,都欢迎回国,参加建设工作。但不像从前,只认头衔不认本领及工作经验。相反地,凡是真埋头苦干、不骄不躁的专家都受到尊重，更谈不上有什么对美国留学生特别实施的政治训练。主要应该想到自己是人民中享受过特别待遇的人，现在既然学有所成，应该从'为人民服务'着想，利用自己的知识以及技术，为人民大众服务。"他还以自己为例说："举例来说吧，以小弟之无知，从来未走衙门，拜显要，中共来了以后，也不特别轻视。我觉得一切都很自然。"

信在《留美学生通讯》上刊出后，起到了很好的动员作用。不少留美学者陆续回国，加入近代物理研究所及其他研究机构。

1950年8月，听到赵忠尧也要回国的消息，钱三强高兴万分，这可是一位重量级的人物。赵忠尧在美国留学期间首次发现了反物质这一现象，遗憾的是当时没有受到足够的重视，两年后，他的同学菲利浦·安德逊因观测到正电子的足迹而获得诺贝尔物理学奖。1946年，赵忠尧受委派到比基尼岛参观美国的原子弹试验，之后又在美国麻省理工学院、加州理工学院等处进行核物理和宇宙线方面的研究。但是，赵忠尧的回国举动遭到美国的再三阻挠，美国政府发出三次阻拦的命令，并在日本横滨将他扣留。这一阶段，赵忠尧在南京的家人生活遇到困难。钱三强得知此事后，马上向中国科学院申请给赵家发放相当于赵忠尧拟定工资70%的生活补助，直至赵忠尧回国工作为止。经过多方努力，11月28日，赵忠尧终于如愿以偿回到祖国。这次回国，他还带回导师送给他的50毫克镭，用于制造原子弹。

钱三强还力邀留英的核物理学家杨澄中、留法的放射化学家杨承宗回国到近代物理研究所工作。两位科学家分别于1951年3月和10月回国，成为早期电子学组、放射化学组的主要负责人。由于他们的名字发音近乎相同，在所里还闹出过不少笑话，后来，大家便分别叫他们"英杨"和"法杨"。

二是尽量争取科学家、教师和技术人员到所里工作或兼职。

在借助外力方面，钱三强主要采取两种做法：一种是聘请不承担具体工作的顾问人员，如周培源、张宗燧、叶企孙、赵广增等人，请他们对近代物理研究所的研究方向和重要学科领域的发展前景提出建议。一种是聘请相关专家前来兼职，比如聘请生物物理学家贝时璋兼任放射生物研究室主任、热力学和统计物理学家王竹溪兼任金属物理研究室主任，另外还有葛庭燧、何怡贞、李林、刘静宜、洪朝生、吴乾章等人。通过采取这些措施，近代物理研究所不仅相关工作很快开展起来，还培养和锻炼了年轻的科研人员。

当时，钱三强与陈芳允的合作还成就了一段跨学科联合的佳话。陈芳允是无线电电子学家，中国卫星测量、控制技术的奠基人之一，早年毕业于西南联大，曾在英国A.C.可赛（Cossor）无线电厂研究室工作。20世纪50年代初，中国科学院成立了以陈芳允为首的电子学所筹备处。此时钱三强任所长的近代物理研究所也有一个核电子学小组，但只有五六个人，科研实力比较薄弱。钱三强知道原子物理研究离不开电子学，如加速器、射线测试等都需要有电子学知识，于是提议将电子学所筹备处先合并到近代物理研究所。陈芳允则认为电子学所筹备近一年，已具备一定的人员和仪器规模，如果停止筹备工作，实在可惜。陈芳允之所以不同意合并，其实也是担心电子学所最后被近代物理研究所"吃掉"。钱三强自然明白陈芳允的心思，主动承诺说："电子学所筹备处先到我们这儿来，实行一次跨学科联合，进攻主要目标，以后电子学所一旦成立，你们的原班人马和仪器设备都可以再带走。"就这样，在1953年年底，电子学所并入近代物理研究所，同时合并的还有数学研究所闵乃大负责的电子计算机部分。

这个"君子协定"在三年后兑现了。1956年，在十二年科学规划后，中国科学院实施"四项紧急措施"，组建电子学所、半导体所、计算所和自动化所。钱三强信守诺言，同意电子学所的人员和仪器设备从近代物理研究所撤出，仅留下两个人。这三年的跨学科联合，实现了钱三强最初的"双赢"设想——经过这一合并和再发展过程，电子学与电子计算机工作所需的物资、人员和其他条件都有所增强，核电子学组也比过去有了加强，业务范围也扩大了。陈芳允后来评价说："钱三强是一个很值得人们佩服的人，我们都很尊敬他。"

三是提供机会让个人发挥自身特长，并明确研究方向。

彭桓武对这一点深有体会，他举例说："1953年钱三强让黄祖洽向中子输运应用理论发展，1955年让黄祖洽和我去苏联学习反应堆理论。1956年暑假他送我一本名为《核反应堆工程原理》的美国教科书，交谈中提起第二机械工业部新来的大学生还需等待一年才能去新建的工厂工作时深感不安。我建议利用这一年给他们补上专业基础课，譬如《核反应堆工程原理》即可作为课本。他接受了这个建议，将此事安排给北京大学技术物理系。"

为了培养反应堆理论和计算方面的人才，钱三强又从各大学的物理系和数学系选拔了一些优秀学生，安排彭桓武、黄祖洽、金星南等人给他们讲课。

四是选拔国内优秀大学毕业生到所里进行培训。

近代物理研究所建立初期，专家们除了科学研究之外，还担负着培养青年学生的任务。以钱三强和何泽慧为例，他们在简陋的四合院里开办了一个讲授原子核物理的学习班，夫妻俩晚上熬夜备课，白天轮流为学生讲课，用这种最基本的方法培养新中国的原子核物理学人才。

到1955年5月，钱三强经中国科学院批准，邀请浙江大学的胡济民、东北人民大学（今吉林大学）的朱光亚和北京大学的虞福春，建立了近代物理研究室，代号为6组，这是培养青年学生的一个专门机构。为了更好地发挥近代物理研究室的作用，钱三强四处奔走，花费了不少心血，包括向中国科学院争取经费、新建教学实验楼和宿舍、订购设备和图书等。第二年，他开始选拔重点大学的高年级学生，向他们传授原子能专业知识。1957年，近代物理研究室合并到北京大学，成为技术物理系。与此同时，钱三强还报经国务院同意，在清华大学创办了工程物理系，设有原子能科学、工程技术专业。

后来，近代物理研究所又在中国科学技术大学创办了近代物理系和放射化学系，系主任分别由赵忠尧、杨承宗兼任，任课教师也都是近代物理研究所的技术专家。

可以说，在招贤纳才方面，钱三强考虑得既周密又合理，正如彭桓武所说："由于有亲身的经历和体会，三强在求才、育才、用才方面做得很出色，有特点。"同时，国务院和中国科学院也为钱三强选调人员敞开大门，一路绿灯，加上原子科学本身的吸引力，这些都为近代物理研究所聚集人才发挥了重要作用。近代物理研究所创建时只有十几个人，到1956年已发展为638人，"一大批有造诣、有理想、有实干精神的原子核科学家，从美国、英国、法国、德国、东欧和国内有关大学、研究单位纷纷来到所里，真可谓群贤毕至、少长咸集，组成了中国原子核科学的研究中心。经费和条件情况也大有改观"。

当然，在聚集人才方面，还有一点必不可少，那就是钱三强包容人才的宽广胸怀。总结近代物理研究所直至中国原子能科学研究院的发展进程，钱三强不仅展现了杰出的科学组织工作才能，而且表现出包容人才的宽广胸怀。

在建所初期,他想方设法把国内最强的有关各方的优秀科学家请到所里来工作。统计物理、固体物理、金属学、化学和化工,以及生物学界的著名学者他都请,越是有本事的人越是虚心延请。请来以后,他还尽可能地创造条件,让他们施展才华。在工作安排上,他从不强调自己的科学工作领域,总是从全局出发,尽量先支持其他科学家的研究工作。正是钱三强这种兼收并蓄、甘为人梯的胸怀和气度,使近代物理研究所人才济济,学术氛围浓厚,学科门类比较齐全,成为一个高水平的综合性科学中心,为我国原子能事业的发展不断输送新鲜的人才血液、科研能量。

4. 率团成功访问苏联

新中国成立后,加入了以苏联为首的社会主义阵营。当时东西方"冷战"的国际格局,决定了我国只能实行"一边倒"的外交政策。20世纪50年代初期,全国上下到处都是向苏联学习的热潮。为了适应这一形势,科技人员纷纷学起了俄语。40来岁的钱三强通过速成俄文学习,很快达到了能阅读专业文献的程度。据统计,1954年,中国科学院的研究人员有93%学过俄文,其中73.5%可以阅读俄文专业文献,将近三分之一达到了翻译水平。

在这样的背景下,中国科学院也大力号召学习苏联,并在 1953 年年初派出代表团访问苏联，代表团团长就是当时还未加入共产党的钱三强。代表团由 19 个学科的 26 位科学家组成，除了钱三强（物理学）以外，还包括华罗庚（数学）、张钰哲（天文学）、赵九章（地球物理学）、刘咸一（化学）、彭少逸（化学）、宋应（地质学）、张文佑（地质学）、武衡（地质学）、冯德培（神经生理学）、沈霁春（生理学）、贝时璋（生物学）、朱洗（生物学）、吴征镒（植物学）、马溶之（土壤学）、李世俊（农学）、沈其震（医学）、薛公绰（医学）、梁思成（建筑学）、曹言行（土木工程）、于道文（机械工程）、陈荫毂（电机工程）、刘大年（历史学）、张稼夫（历史学）、吕叔湘（语言学）等人。

代表团的出访使命是"全面学习"，主要任务是了解苏联如何组织领导科学研究工作，特别是学习"十月革命"以后苏联科学在旧有基础上发展壮大的经验，了解苏联科学的现状及其发展方向，并就中苏两国科学合作问题交换意见。这几项任务是由周总理主持的政务院会议确定的。

1953 年 3 月 5 日，代表团抵达莫斯科，当天恰逢斯大林逝世，代表团的参观访问没有受到影响，只是增加了一些悼念活动，其余照常进行。在这期间，钱三强认真审读了苏联关于中方代表团的考察安排计划，发现行程中没有访问苏联原子能机构的安排。恰在此时，周恩来率领的中国代表团抵达莫斯科，参加斯大林的葬礼。在驻苏大使张闻天的安排下，钱三强亲自向周恩来汇报了初步遇到的问题。周恩来也赞成他的意见，认为应当努力争取。

随后，周恩来向苏联高层提出参观苏联原子能研究机构的要求，得到苏联的特殊批准，但因为涉及国防秘密，只允许钱三强等少数人参观由"苏联原子弹之父"库尔恰托夫领导的原子能研究所等三个物理学领域的保密研究机构。

参观期间，库尔恰托夫话语不多，表现得比较冷淡。后来，当他得知钱三强在法国留学时曾师从约里奥-居里夫妇，态度大为改观，主动提到约里奥在1951年到苏联接受斯大林和平奖时参观过他的研究所。后来，库尔恰托夫还两次邀请钱三强到他家里做客，这种亲近的交流更便于钱三强了解苏联原子弹的研制情况以及中间会遇到的难题及解决办法。

在苏联科学院物理所，钱三强还遇到以前在居里实验室便相识的斯柯别里琴院士。斯柯别里琴担任苏联科学院物理所所长，他十分热情地陪同钱三强参观。两人聊得兴起，索性不用翻译，直接用法语交谈。谈话中，钱三强试探性地询问苏联能否提供一台中型回旋加速器和一座实验性反应堆。斯柯别里琴表示：回旋加速器的技术已经成熟，苏联可以通过外交途径提供；实验性反应堆现在还不能提供，不过将来提供的可能性是有的。这种试探和交流，使钱三强了解到苏联对待核基础设施的态度，从而准确找出争取苏联支持的方式和途径。

第五章 初创中国核事业

这次访问，钱三强等人参观考察了98个研究机构、11所大学及一些工厂、矿山、集体农庄、博物馆；听取了苏联科学院主席团的七份科学报告和多次专题性的工作介绍，内容包括培养科学干部的状况和方法、科研计划的制订程序和效果、各研究所的分工与配合、研究所与大学及产业部门的关系等。钱三强也应邀为苏联科学家做了一场报告，题目是"中国近代科学概况"，主要介绍各门学科在近代中国的发展及现况。

代表团临别前，苏联科学院赠送中国一万多册科学图书和许多标本、图片等。6月17日，代表团回到北京。9月15日，钱三强提交了访苏代表团工作报告。他在报告中总结了苏联发展科学的四个主要经验：（1）中心环节是培养科学干部；（2）有目的、有计划、有重点地开展研究工作；（3）各科学研究机构之间既明确分工又互相配合，成为一个有机的整体；（4）培养健康的学术氛围。他认为这些经验对我国基本适用，有的可以马上付诸实践，比如培养干部和制订科学研究计划等；有的则需要条件成熟后才能实行，如研究机构的分工和院士选举等。他还建议出版科学译文期刊以介绍苏联的科学成就与经验，成批地选送留学生，派遣专业的科学访问团，请苏联专家来华协助、指导工作以及交换图书、杂志、资料等。

随后，代表团的其他科学家在沈阳、北京、上海、南京等地向科学界作了传达报告，推动了全国研究机构和高等院校向苏联学习的热潮。此次访问使中国科学院之后几年的工作大有起色。当然,其间也不可避免地出现了偏差,比如把苏联政治干预学术、哲学代替科学的错误做法也照搬过来,使中国科学发展走了一段弯路。

这次成功的访问过后,钱三强加入了中国共产党,成为归国科学家中最早入党的几人之一。对于这份肯定,钱三强的内心充满了荣耀,他记得伊莱娜与约里奥那句"科学为人民服务"的嘱咐,这是他志在必行的事业。

5. 自力更生创新业

钱三强深深懂得,有了人还不行,还要达成一种精神上的共识,只有具备艰苦奋斗、无私奉献精神的人,才能取得事业的成功。近代物理研究所建立初期,国家经济困难,西方国家对我国实行封锁,后来苏联又撕毁合同、撤走专家,面对内外交困的局面,如果没有这种精神,必将被困难吓倒而一事无成。所以,钱三强总结出一个生存和发展的道理——吃面包要从种麦子开始。

初期,近代物理研究所的工作环境和条件都很简陋,西方国家对中国实行禁运,即便有钱也买不到外国的仪器设备。为此,钱三强和几位负责人发动全所人员学习延安精神——"自己动手,丰衣足食",自己制造各种设备。

这样做虽然要克服更多困难，花的时间也多，但是锻炼了年轻的科技人员，使他们在制造设备的过程中掌握了必要的技术知识，对后来独立开展研究工作大有好处。

制造设备时，缺少零器件，钱三强就发动大家到旧货市场去淘买。当时已经是爱尔兰皇家科学院院士的彭桓武，有一次到北京天桥的垃圾箱里去翻找零件，结果被警察误以为是小偷，将他抓了起来，闹了个大笑话。

朝鲜战争时，王淦昌从朝鲜战场考察回来，想要制作一套手携式辐射探测仪来测试美军是否在朝鲜使用核武器，但缺少一个10兆欧姆的淬灭电阻，在北京的旧货市场上怎么也找不到这种淬灭电阻，无奈之下，他只能自己动手做一个。

还有朱培基、朱润生等人，在杨承宗的指导下，他们冒着被大剂量射线照射的危险，整理修复了协和医院一套用于治疗肿瘤、因损坏而长期关闭的500毫克镭氡装置，然后从中提取氡气，再由戴传曾等人研制成氡铍中子源和中子计数管，为开展中子物理方面的研究工作提供了初步条件。

李德平到近代物理研究所后，被安排到计数管组，组里没有专门的玻璃工，他就自己动手吹制简单的扩散泵，用"皮老虎"代替真空压缩机，经汽油产生高温火源，将普通平底玻璃烧瓶烧制成水银扩散泵；他还利用搜集的旧仪器，装配成精度极高的毫安计组合，这个装置在后来的工作中发挥了很大作用。

赵忠尧制造剂量笔时，也是自己动手拉石英丝……

类似的事例可以说数不胜数。就这样，短短几年间，近代物理研究所的许多研究工作从无到有，从少到多，从低到高，一点一滴、积少成多地搞起来了。

在理论物理领域，近代物理研究所开始有计划地探索研究反应堆、同位素分离、受控热核反应等应用性的理论问题。

在实验原子核物理方面，先后建成了第一台能量为70万电子伏特的质子静电加速器、250万电子伏特的高压质子静电加速器，以及40万电子伏特的高压倍加器。

在放射化学方面，许多基础性的工作如天然放射性元素的提取、纯化、分析、测定；铀化学及从矿石中提取铀的研究；重水的制备和测定；用放射化学方法测量铀235、铀238的含量比例等，先后取得了进展。

在探测器方面，他们研制了对质子与电子灵敏的核乳胶、云雾室、卤素计数管、空气电离室、中子正比管和多种闪烁晶体，为粒子探测技术的深入研究打下了基础，并且开展了中子物理、辐射剂量等多项研究；建成多种谱仪，并开始做核能谱学实验；建造了第一台铯原子束装置，开展核磁共振谱仪研究。

在宇宙线研究方面，他们在云南落雪山海拔3180米处建设中国第一个高山宇宙线实验室，先后安装了多板云室、磁云雾室和大云室组，开始观察宇宙线与物质的相互作用，共搜集到700多个奇异粒子事例，研究了奇异粒子性质，使我国在宇宙线方面的研究进入当时国际先进行列。1958年至1965年间又在落雪山建设了新的宇宙线高山站。

经过多年的发展，一批科研骨干在各个学科领域成长起来了，既有解决理论问题的物理学家和核化学家，也有能设计、会动手的工程师。钱三强深入他们中间，了解他们的想法和追求、长处和不足，也清楚他们的工作情况。1987年，他在《新中国原子核科学技术发展简史》中罗列了1950年到1985年所取得的工作成就，包括每一项成就的背景、作用、参与人员等，内容十分详尽，无一遗漏。

6. 朝鲜细菌战调查始末

1950年6月，朝鲜战争爆发。1952年，美军继在朝鲜发动大规模的细菌战之后，先后出动军用飞机68批448架次侵入我国东北领空，在抚顺、新民、安东、宽甸、临江等地撒布大量传播细菌的昆虫，并对临江、长甸河口地区进行轰炸扫射。

对此，中国政务院总理兼外交部部长周恩来发表声明，向美国这一违反《日内瓦议定书》的最野蛮、最残暴的侵略行径提出严重抗议；并宣布凡属侵入中国领空、使用细菌武器的美国空军人员，一经俘获，即作为战争罪犯处理。

同时声明,所有因侵犯中国领空、使用细菌武器并滥施轰炸扫射、虐杀中国人民而招致的一切后果,应由美国政府担负完全责任。

同一天,中国各民主党派发表联合声明,抗议美国进行细菌战的罪行,号召全国人民以实际行动回应这种挑衅,呼吁全世界爱好和平的人民共同声讨美国的罪行。

中国科学院副院长竺可桢、吴有训在《人民日报》发表了反对美军进行细菌战的声明,并决定组织科学家进行科学调查,具体任务由实验生物所昆虫研究室等承担。3月中旬,被派往东北调查的马世骏及其助手在各个地区采集美军飞机撒落的昆虫尸体,见到了细菌弹残骸和许多用来携带病菌的羽毛。

1952年3月,世界和平理事会决定在挪威奥斯陆举行执行局特别会议,会议的中心议题是揭露美国的细菌战。钱三强随同郭沫若一起参加了这次会议。郭沫若代表中国、李箕永代表朝鲜提供了证据材料,要求展开国际科学调查。于是,会议就是否成立调查团,要不要干涉朝鲜战争中的细菌武器问题等发生了争论。

约里奥作为世界和平理事会的主席,提倡公平正义,专门召开了一个小型会议进行讨论。在会上,他旗帜鲜明地发表了讲话:"大家选我担任世界和平理事会主席,我很荣幸。我们受着同一个信念的鼓舞,为消除战争而工作。我们要尽一切办法,使我们的孩子不再经历新的战争恐怖,

第五章 初创中国核事业

使科学为其正当目的而不为罪恶目的服务,使世界上的劳动者不断努力创造幸福,而不致造成破坏。只要危险没有消除,我们就要坚持做下去。没有任何事物可以阻挡我们。理事会是否支持被侵略的朝鲜和中国的要求,是关系到世界和平理事会存亡的问题。若不能主持正义,还有什么理由让世界和平理事会存在下去!"

在他的努力下,世界和平理事会最终通过了决议——成立一个国际科学调查委员会(以下简称"调查委员会"),调查美国在朝鲜和中国进行细菌战的事实。

决议通过后,美国驻联合国代表沃伦·奥斯汀指责约里奥"滥用科学",对此,约里奥给予愤怒而有力的回击,他说:"你指责我滥用科学,因为我反对罪恶地使用伟大的巴斯德的发现,因为我号召公众反对发动细菌战。"他光明磊落、旗帜鲜明地对奥斯汀的"细菌战"言论予以驳斥:"不能因为朝鲜人和中国人选择了和你们国家不同的制度,也不能因为他们不是白种人,就认为用凝固汽油或用细菌来大规模地消灭他们是合法的……因为我知道科学能给世界带来什么,所以我将继续努力,利用科学造福人类,不管他们是白种人、黑种人还是黄种人,而不是在某种天赋使命的名义下利用科学消灭人类。"对于约里奥在关键时刻给予中国的宝贵支持,郭沫若首先代表中国科学界向他发去慰问电。

调查委员会很快成立,其中的组成人员包括:苏联细菌科学家茹科夫·维勒斯尼柯夫院士、英国生物学家李约瑟博士、瑞典女医学家安德琳博士、法国动物生理学家马戴尔教授、意大利人体解剖学家欧利佛教授、巴西寄生生物学家贝索亚教授。经约里奥推荐，钱三强担任了调查委员会的联络员。

1952年6月初，钱三强陪同调查委员会成员抵达北京。周恩来总理指派廖承志代表中国政府接待，并陪同调查委员会前往我国东北和朝鲜进行调查。钱三强作为廖承志与调查委员会之间的联络员，负责双方的翻译工作。

调查委员会首先在我国丹东、抚顺等地进行调查，发现了大量带有多种病菌的昆虫，这是由美国用飞机投放细菌弹时撒布的。找到美国在中国东北进行细菌战的罪证以后，中国军队护送调查委员会成员越过鸭绿江，进入朝鲜。

调查委员会进入朝鲜后，映入眼帘的到处是废墟，横尸遍野，惨不忍睹。白天，美军的轰炸机肆无忌惮地狂轰滥炸。调查委员会的成员冒着生命危险，趁黑夜驱车前进，不时遭到美军的袭击，汽车险些被震翻。在平壤郊区一座简陋的建筑内，金日成接见了调查委员会全体成员，并亲自展示了许多美国发动细菌战的实证。

钱三强陪同调查委员会成员走遍朝鲜北部地区，他们来到战壕、山洞、田间、医院，调查了数以百计的人证，获取了大量的实物标本。

在平壤一间地下室里，他们讯问了被俘的美军飞行员伊诺克·奎恩，进一步证实美军确实投放了细菌弹。

调查委员会问伊诺克·奎恩："你能证明美国投放了细菌战武器吗？"

"可以证明。"伊诺克·奎恩回答道。

"怎么证明？请提供事实。"

"我本人就接受过这样的任务，驾驶飞机在朝鲜战区投掷细菌弹。"

"是什么形状的细菌弹？"

"时常是圆柱形的纸筒或纸包。"伊诺克·奎恩指着桌上的一件实物说，"就是那种东西。"

"你知道它对人的危害吗？"

"想必是残忍的。"

"你知道有国际协议禁止使用细菌武器吗？"

"不知道。我很懊悔从前的不人道行为。"

接着，另一个美国士兵奥尼尔也向国际科学调查委员会证实。

调查委员会成员在朝鲜跋山涉水，冒着生命危险调查了两个多月。在这期间，钱三强与李约瑟教授乘坐同一辆吉普车。最常遇到的情况是，漆黑的夜里，伸手不见五指，吉普车凭借车灯在盘山小路上前行。有时会突然响起防空警报，这时吉普车便开进隐蔽的地方。敌机在头顶盘旋，一阵狂轰滥炸。直到敌机飞走，警报解除，吉普车才继续前进。

1952年8月中旬，调查委员会成员回到北京。调查报告的结论是:"朝鲜及中国东北的人民,的确已成为美国细菌武器的攻击目标,美国军队以不同的手段使用了这些武器,其中一些看起来是在日军第二次世界大战期间进行细菌战的基础上发展而成。……此为本委员会委员们过去所不易置信,现在委员会迫于事实,必须下这样的结论。"

8月31日,调查委员会在北京举行报告书签字仪式,众多科学家为了维护正义,不顾自身的生命安危,大义凛然地签上了自己的名字。这些科学家坚持真理的大无畏精神,感动了所有人。

随后,毛泽东、周恩来、郭沫若会见了调查委员会的全体成员,钱三强陪同并担任翻译。

这次会见之后,调查委员会在北京举行了记者招待会。在记者招待会上,李约瑟说:"1943年,我到过中国的重庆,以中英科学合作委员会主席的身份参加了日本对中国发动细菌战的调查。当年我们在湖南省20多处发现了日军投掷的鼠疫杆菌,仅湖南一个省患鼠疫死亡的便达700多人。这次美军与当年的日军使用了相同的细菌武器,他们派出了当年在日军中负责细菌战的战俘。"

不久,国际科学调查委员会的调查报告以法文、英文、俄文、中文等多种文字向全世界公布,有力地揭露了美国发动细菌战的罪行。此举得到全世界爱好和平的人民的支持与声援。

第六章　投身"两弹"研制

新中国成立不久，中央开始研究部署原子能工作，钱三强顺理成章地成为我国原子能事业的领头人。苏联撕毁合约、撤走专家后，钱三强组织精兵强将，废寝忘食，联合攻关，最终研制出我国第一颗原子弹。与此同时，他还以超凡的预见性，提前部署了氢弹的研制工作，在中国第一颗原子弹成功爆炸后不到3年的时间，便成功爆炸了第一颗氢弹。

1. "一堆一器"建设的源起

20世纪50年代，美国不断地对中国进行核威胁。比如在朝鲜战争爆发后，战场形势对美国不利，联合国军总司令麦克阿瑟表示，如果中国军队参战，"只有使用原子弹"，才能将中国军队困在朝鲜半岛。金门、马祖危机爆发时，美国总统艾森豪威尔和国务卿约翰·杜勒斯也先后表示，如果台湾海峡发生战争，美国准备使用战术核武器。1958年8月23日，中国人民解放军在福建前线炮轰金门，美国总统艾森豪威尔随即召开会议，决定协防台湾。美军参谋长联席会议主席席内森·特文宁向美国总统建议，授权第七舰队司令在必要时下令向中国大陆投掷原子弹。

面对美国多次赤裸裸的核威胁，中共高层开始筹划发展自己的核武器。

应苏联邀请，彭德怀拟于1954年9月率中国军事代表

第六章 投身"两弹"研制

团去观摩苏联的核爆炸试验。临行前,彭德怀专门约请钱三强给军事代表团的将军们介绍有关原子弹的科学知识。

8月20日,钱三强如约来到中南海永福堂,在院中等候的彭德怀迎上来与他握手,谦逊地说:"今天拜师求学,老师请进。"

钱三强走进会议室一看,在座的都是解放军的高级领导干部,心里不禁有些紧张。彭德怀风趣地对钱三强说:"我们要去观摩苏联的核爆炸试验,为了不闹出笑话,今天请你来给大家讲讲原子弹的有关知识。"

接着,彭德怀又说:"我先给你讲一个在延安发生的小故事吧!那是1945年,美国刚刚在日本投下了原子弹,一个外国记者问我:'美国在广岛、长崎投下了两颗威力无比的原子弹,给日本造成难以估量的损失,场面十分可怕,你对这件事有什么看法?'我就反问那位记者:'是吗?我怎么不知道这件事?'记者一点也没有理解我的意思,惊叫起来:'你怎么这么不关心国际大事,连这个都不知道?'我笑着对那位记者说:'不是我不知道,而是你不理解我说话的意思。'"

说到这里,彭德怀哈哈大笑道:"要说我不了解原子弹,那是真的。不但那时无知,现在知道的也不多。"接着,他感叹道:"目前的国际形势对中国人民很不利啊!美国政府依仗他们手里有核武器,公然挑起侵朝战争,把战火烧到了咱们的鸭绿江边,还狂妄地叫嚣要发起第三次世界大战。"

说到这里,彭德怀义愤填膺:"为了防止美帝国主义用核武器讹诈我们,咱们中国人不能示弱,一定要搞出自己的原子弹。"

于是,钱三强就从什么是原子弹开始讲起,着重讲了原子弹、氢弹的原理和构造。彭德怀等人耳听手记,遇到不明白的地方还一再提问。

他们花了近两个小时听钱三强讲原子弹,末了,彭德怀问钱三强:"中国要搞原子弹,怎么办?最关键的东西是什么?"

钱三强回答说,要有一座实验性反应堆和一台回旋加速器("一堆一器"),用来开展核科学实验研究,为建设核工业和研制核武器做技术上的准备。

"人家会给我们吗?"彭德怀进一步问道。他听得很认真,还一一记在本子上。

"给,不能指望,能在技术上给些帮助就行了。"钱三强说。

就这样,去苏联参观的将军们记住了钱三强关于"一堆一器"的话。

听完课后,彭德怀喝了一口茶,注视着钱三强亲切地说:"给中国争这口气的担子,就落在你们这些核专家身上了。听说你们很上心啊!"

钱三强回答:"目前我们只完成了第一步,已经形成原子核科学基地。但是，如果从研究的深度和广度，以及设备的先进性来讲，与国际先进水平相比，我们还有很长的一段路要走。所以，我们需要瞄准世界先进水平。"

彭德怀开怀地笑了，他紧紧握住钱三强的手说："我们就这样说定了，你们这些专家朝着世界先进水平大步往前迈，我这个国防部长给你们当好后盾，做好后勤保障工作。我相信，咱们中国人总有一天能赶上他们！"

2. 在中南海的关键汇报

1955年1月14日，在中南海西花厅，周总理请来了钱三强、李四光，以及国家建设委员会主任薄一波、地质部副部长刘杰，一起商谈发展原子能和铀资源的情况。周总理首先提到严峻的国际形势和美国的核讹诈政策，历数朝鲜战争以来美国对中国发出的核威胁。钱三强对此早有耳闻，听完心情十分沉重。

国际形势如此严峻，中国唯有自强自立，迎头赶上。周总理对钱三强说："三强，你清楚约里奥-居里先生带的话，'你们反对原子弹，就要有自己的原子弹'，这是朋友的忠告。毛主席、党中央很重视这个意见，但是前些年顾不上这件事，有些条件也不具备。比如铀资源，总不能靠买外国的原料吧！再说，这么敏感的东西谁会卖给我们呢。现在情况不同了，去年秋天，地质部在广西发现了铀矿。现在到了考虑发展原子能的时候了。这件事迟早要做，今天先小范围做点研究，听听有关情况，便于中央讨论决策。"

于是，钱三强简单介绍了几个西方国家和苏联发展原子能的情况、原子弹和氢弹的原理及关键的技术和设备，以及国内相关人才的情况和几年来所做的工作。

周总理听得很认真，一边做记录，一边询问发展原子能的必要条件，如目前的科技力量情况、设备情况、所需经费等。钱三强根据掌握的情况如实作了汇报，并表示虽然存在很多困难，但都可以尽量克服。

铀是制造原子弹的核心材料，有没有铀资源，决定了我国能不能自力更生发展核工业。1954年秋，地质部的一支地质队伍在找矿时，在广西发现了铀矿床。尽管这是一个开采价值不大的次生矿，却让地质学家们看到了找到铀矿的希望。毛主席知道后，很想看看那个东西。于是，地质部部长李四光同刘杰、钱三强三人，带着产自广西的铀矿石标本向毛主席和周总理作了汇报。毛主席看后高兴地说："这个事情要好好抓，这是决定命运的。"

一年过去了，周总理十分关心事情的进展，于是请李四光、刘杰做了介绍。最后，周总理告诉他们中央要讨论发展原子能问题，让他们明天带上铀矿石和简单的探测仪器，向毛主席和中央其他领导进行汇报并操作演示。

第六章 投身"两弹"研制

1月15日下午,钱三强和李四光来到中南海丰泽园,这里是毛主席居住和办公的地方。今天要在这里举行中央书记处扩大会议。

毛主席来到会议室后,分别与李四光、钱三强握了手,爽朗地笑着说:"今天我们这些人当小学生,就原子能的问题,请你们来上一课。"

周总理接着说道:"先请他们做现场演示,让我们有了感性认识,再听情况汇报。"

钱三强拿着所里自制的盖革计数器,接上电源,慢慢靠近桌子上放着的一块铀矿石料,很快便响起了"咯啦咯啦"的声音。在座的领导人都感到惊奇,纷纷上前试验。

这时,钱三强把一点放射源放在自己口袋里,然后慢慢靠近盖革计数器,结果盖革计数器又"咯啦咯啦"地响了起来。众人纳闷,钱三强见状,笑着从口袋里掏出放射源,向大家展示说:"就是这个东西,它也含有放射性,是法国的约里奥-居里夫妇送的,表示他们支持中国发展原子核科学。"

钱三强紧接着介绍了原子弹、氢弹的原理及外国的发展概况。为了方便大家理解,他从肉眼不可见的原子讲起:原子的直径只有1厘米的一亿分之一左右,如果把一个原子放大100亿倍,它就像一个直径1米的圆球。通常一个只有芝麻粒那么大的小东西,里边有万亿亿个原子。后来研究发现，原子还不是最小的，它本身的构造十分复杂，像个小小的"太阳系"，每个原子中间有个微小的"太阳"，这就是原子核。钱三强举例说："假如把一个原子放大到像怀仁堂礼堂那么大，那么其中的原子核就像一粒黄豆放在礼堂中央。"

大家听后都笑了起来，原来，周总理叮嘱钱三强要讲得"通俗易懂"，所以他做了精心准备。接下来，为了讲清楚铀与原子弹的关系，钱三强特意画了两张示意图。在介绍原子弹时，他说："先从铀矿中提炼出铀，再把铀形成固体，加工成两块半球形浓缩铀-235或钚-239，外面包上一层中子反射体，放在弹壳里，用高能炸药引爆，使两块半球形铀发生链式反应，这样，原子弹就爆炸了。"现在中国已经找到了铀矿，先决条件已经具备。对于原子弹的强大杀伤力和破坏作用，钱三强表示，只要采取相应的防御措施，便可以大大降低几种主要的破坏作用，并简单列举了防御冲击波、光辐射及放射性的办法。

钱三强还说明了制造氢弹的必要性："广岛原子弹相当于2万吨TNT当量，苏联请彭老总去看的那一颗是4万吨，10万吨、20万吨的也能做，但因为材料的关系，再做体积就太大了。美国第一颗氢弹是1040万吨，大约是广岛原子弹的500多倍。"他介绍说，除了威力不同外，氢弹和原子弹的杀伤方式也不同："氢弹的杀伤力主要是冲击波和光辐射，没有原子弹那么大而持久的放射性污染，也许这是使用者对自身安全的考虑吧。"不过，制造氢弹仍然绕不开原子弹，因为要想让氢弹爆炸，必须有原子弹引火。也就是在原子弹外面包围相当数量的重氢或超重氢，利用原子弹爆炸产生极高温，使重氢或超重氢发生热核反应，引发氢弹爆炸。

为了让领导人一目了然地把握国内外情况，钱三强在介绍几个国家发展原子能的现状时，还按照时间顺序准备了一张表。相对来说，领导人更关心中国自身的情况，提出了不少问题。钱三强一一回答，并提议建反应堆和回旋加速器。他说："我国的原子能科学研究工作基本上是在新中国成立后白手起家开始做，经过几年的努力总算打下一点基础，最可贵的是已经集中了一批人，从个人的研究能力来说并不弱于其他国家，还有些人正在争取回来。科学家们对发展原子能事业很积极，也充满了信心。"

钱三强汇报完后，李四光、刘杰也报告了我国铀资源的情况，提到目前已在西北、中南、华东等地发现200多处放射性异常点，确认有远景的矿点11处，为进一步勘探和提高铀工业储量做了扎实的前期工作。

在大家热烈讨论后，毛主席最后作总结发言。他说，从主观愿望上说，我们不愿意搞原子弹，我们反对使用原子弹。但是，要反对原子弹，就要掌握原子弹。掌握了它，才能打掉敌人的嚣张气焰。他强调，现在已经知道我们国家有铀矿，只要进一步勘探，一定会找出更多的铀矿来。我们也培养了一批人，科学研究有了人才的基础，创造了一定的条件。过去几年，其他事情很多，来不及抓这件事。这件事总是要抓的。现在到时候了，只要排上日程，认真落实，一定可以搞起来。

毛主席最后说："苏联政府已经来信，愿意给我们提供援助。苏联援助我们，我们一定要搞好。自己干，也一定能干好。我们只要有人，又有资源，什么奇迹都可以创造出来。"

毛主席的话让与会人员异常振奋。会后，毛主席摆了两桌饭菜招待大家。平时很少喝酒的他，还专门为中国的核事业干了一杯。

这是一次对中国发展核武器具有决定意义的会议。中国制造原子弹，就是在这个时候拍的板。后来这一天也被全世界记录为"中国正式下决心研制核武器的起始日"。

第二年，毛主席在他著名的《论十大关系》的讲话中说道："我们现在还没有原子弹。但是，过去我们也没有飞机和大炮，我们是用小米加步枪打败了日本帝国主义和蒋介石。我们现在已经比过去强，以后还要比现在强，不但要有更多的飞机和大炮，而且还要有原子弹。"

3. 推动"一堆一器"建设

在党中央做出大力发展中国原子能事业的战略决策后，1955年4月，中国政府代表团与苏联政府签订了《关于为国民经济发展需要利用原子能的协定》（以下简称《协定》）。这意味着在核科学领域，苏联将为我国提供一座7000千瓦的重水型实验性反应堆和一台直径1.2米的回旋加速器，并接受我国工程技术和科研人员去苏联考察学习反应堆和加速器的理论、运行、维修，以及在这些设备上进行科学研究的有关技术工作。

《协定》签订后，中共中央政治局会议决定在国家建设委员会成立建筑技术局。7月1日，建筑技术局成立，任务是筹建原子反应堆和加速器等重大科学工程。

身为建筑技术局第一副局长，钱三强上任后的第一件工作便是为反应堆和加速器"安家"。他和局长刘伟等人一起到北京郊区选址，跑了将近半个月，根据勘察结果，将北京西南郊房山坨里地区选为新的研究基地。

1956年5月26日，苏联援建的"一堆一器"开工兴建。短短2年多时间，昔日的荒山野岭间出现了一座原子科学城，成为我国第一个较完整的、综合性原子核科学技术研究基地。6月10日，我国第一台回旋加速器首次得到质子束并且到达内靶；6月13日18时40分，我国第一座重水反应堆首次达临界。《人民日报》刊登消息称"它们的建成标志着我国已经开始跨进了原子能时代"。9月27日，国务院在中国科学院原子能研究所（原子能科学研究院前身）举行了隆重的移交生产典礼。从这一天起，我国原子能科学发展步入新征程。

为了这一天的到来，钱三强煞费苦心。1947年他还在巴黎时就给梅贻琦写信，建议在清华大学成立原子核物理研究中心；1949年3月，他向北平文管会丁瓒建议带外汇去巴黎托老师约里奥购买科学仪器，首先想到的是购置回旋加速器的电磁铁；1954年上半年，他率领中国科学院代表团访问苏联，曾向斯柯别里琴院士咨询援建"一堆一器"的可能性，以及应该如何交涉，回国后又立即去拜访国家计委主任，希望把"一堆一器"作为重大工程对待；1954年8月，他在给彭德怀等人讲解原子能时，详述了"一堆一器"对开展原子能研究的重要性，同年10月3日，彭德怀亲自给负责中苏合作谈判的李富春打电话："要把建造那个反应堆的问题，提请苏联帮助。宁可削减别的项目，这个堆一定要争取尽早建起来。"

中苏《协定》是钱三强和刘杰、赵忠尧等组成的中国代表团与苏方谈判签订的。其内容包括：苏联帮助中国建造一座功率为7000千瓦的重水实验反应堆和一台磁极直径为 1.2 米的回旋加速器，并接受中国工程技术人员和核物理研究人员赴苏培训和实习。

反应堆和加速器怎样设计和建造，建成后怎样维护和运行，乃至今后如何开发和应用……所有这些，对于中国科学家和工程师都是全新的课题，必须调集一批人重新当学生，从头学起，弄懂会做，而且时间要快。担当这一艰难任务的又是钱三强。

根据中苏《协定》，反应堆和加速器工程的初步设计由苏联负责，但中国要负责为初步设计提供勘探资料和总平面草图，并且参加审定初步设计、编制设计任务书。

在建设新基地的同时，原子能科学技术人才的选拔与培养也在紧锣密鼓地进行中。1955 年 10 月 19 日，钱三强和彭桓武率领 19 名青年骨干先期赴苏联，参与审查反应堆和加速器的初步设计。11 月 4 日，原子能研究所又派出一批专业人员前往莫斯科，在苏联理论与实验物理研究所（当时称"热工研究所"）等单位实习，主要任务是实习回旋加速器和实验性重水反应堆，以便回国后参加苏联援建设备的安装、调试、运行和利用。

这支庞大的队伍共有 40 多人，是一支既勤奋又有活力的生力军，其中有声誉隆盛的科学家，有基础扎实的科技骨干，还有生龙活虎的毕业生或在读研究生和留学生。这支队伍对外称"热工实习团"，对口物理知识、工程技术和设备建造等，进行全面培训和考察。所有人不仅要完全弄懂，还要能动手做，这样所需时间比较长，短的半年，长的一年左右，大家齐心协力，都达到了弄懂会做的要求，保证"一堆一器"的安全运行。

原子核科学技术的发展离不开反应堆、加速器等重大设施。当今世界核科技水平的表现，集中体现在反应堆、加速器的先进程度。"一堆一器"建成后，我国核科学研究的技术装备和实验手段有了显著提升。原子能所围绕"一堆一器"，开展了核裂变测量、核数据测量、核反应研究等大量工作，其中最突出的是根据国防事业的需要，积极开展科技攻关，为"两弹一艇"成功研制做出了历史性的贡献。

在第一颗原子弹研制方面，科学家通过重水反应堆提供了装料和装料的关键数据，研制了点火中子源，突破了钚生产堆燃料组件等关键技术。在第一颗氢弹研制方面，"一堆一器"完成了为氢弹技术路线选择起到"定向"作用的轻核反应关键数据研究，为攻克氢弹材料氚的生产工艺提供了重要依据。

1960年4月，以重水反应堆为基础，原子能所又建成了"东风3号"零功率反应堆，专门用于核潜艇反应堆模拟实验，并提供了第一批实验数据。此后，"一堆一器"还提供了第一艘核潜艇的启动中子源，完成第一个船用动力堆初步设计，完成核潜艇反应堆物理、热工水力、燃料元件、压力容器等研究与试验，为1971年我国第一艘核潜艇下水做了稳妥实在的前期准备。

在人造卫星和洲际导弹方面,"一堆一器"也做出了重要贡献:为人造地球卫星上天的材料性能和导航设备陀螺仪提供关键数据;为武器、导弹、卫星研究用的元件和部件进行质子束辐照考验;为卫星地面测试装置生产千居里级的钋-210热源。

"一堆一器"建成后,还为我国核科学技术创新发展培养和输送了大批人才。1999年,在国务院和中央军委表彰的"两弹一星"功勋奖章获得者中,于敏、王淦昌、邓稼先、朱光亚、陈芳允、彭桓武等7人曾在原子能所建立功勋;先后有67位中国科学院院士在原子能研究所工作过;仅1959年至1965年7月,该所便输出科技人员914人,其中正副研究员、正副总工程师28人,助理研究员和工程师147人,研究实习员、技术员712人;先后派生或援建了中国工程物理研究院、中科院高能物理研究所、兰州近代物理研究所、中国辐射防护研究院等14个单位。原子能研究所因此被誉为"中国核科学技术的发祥地""中国核工业的摇篮"、核工业人才的"老母鸡"。

4. 点将调兵造原子弹

1959年6月,由于苏联撕毁协议、撤走专家,中国原子能科学技术的研究遭遇到巨大困难——苏联承诺援助中国的30个核工程项目中,有23项没有完成,9个工业项目被迫停工。临走时,苏联人还放话说:"离开我们,你们20年也搞不出原子弹。"钱三强曾这样形容那个时期:"(20世纪)50年代末60年代初,对于中国的原子能事业来说,那是一个卡脖子的年代。"为了鞭策自己,原子弹工程后来被称为"596"工程。

面对严峻的形势,钱三强肩上的担子更重了,他要安抚众人情绪并将其重新团结起来,做好组织工作,解决工作中遇到的各种技术问题;还要当好领导层的参谋,针对这一重大情况提出建议和对策,在工作中起到桥梁和纽带的作用……正如二机部第一任部长宋任穷所说:"钱三强同志在我国原子能事业的创建和发展中,有独特的贡献,起到了别人起不到的作用。"

苏联专家撤走后,聂荣臻副总理对钱三强说:"我们要完全依靠自己的力量来攻克原子弹、氢弹方面的尖端科学技术问题……至于人员选定,由你负责点将,点到哪个单位,哪个单位都不能打折扣。"尽管压力从四面八方向

第六章 投身"两弹"研制

他涌来，但这是钱三强心情最舒畅的一段时间。参与原子弹和氢弹研制的许多重量级人物，如王淦昌、彭桓武、朱光亚、邓稼先、于敏、周光召、程开甲、郭永怀、王承书、黄祖洽、吴征铠、汪德熙、吕敏、陆祖荫、王方定等，他们的人生都因为钱三强而有了转折性的变化。

比如朱光亚。当时核武器研究所所长李觉是从西藏军区副司令的岗位上调过来的，研究所还需要一个人来负责产品设计。钱三强经过多方比较，最后选中了原子能研究所中子物理室副主任朱光亚。这是钱三强选拔"带头人"的一个成功事例。后来他在《人民日报》谈论如何培养选拔"带头人"时还举了这个例子，文中写道："所谓'带头人'，并不一定是本门学科或本项工程技术里年龄最老、威望最高的名人，但应该是有本事的人。本事就是：在学术上或技术上有一定造诣；有运用知识解决问题的能力；有干劲和创新精神；善于识人，用人，团结人。"

又如邓稼先。1958年7月，为了接收苏联提供的原子弹模型和图纸资料，中央决定成立核武器研究所，急需找到一位具有一定业务水平、政治条件好、组织观念强、善于团结共事的人与苏方联络。当时中国的原子弹事业依靠苏联专家，中国科学家的任务是学习。钱三强考虑到已经成名的科学家恐怕不太好跟苏联专家接洽，最后选中了30余岁的邓稼先。邓稼先是美国普渡大学的物理学博士，26岁就在美国获得了物理学博士学位，学问和人品都很好，行事也低调，作为联络人员再适合不过了。

钱三强拿定主意后，把邓稼先叫到办公室，做了一次秘密谈话。钱三强风趣地开口说："小邓，国家要放一个'大炮仗'，准备调你去做这项工作，怎么样？"邓稼先一听到"大炮仗"这几个字，马上意识到这是指原子弹。他顿时兴奋不已，但随后又有点忐忑，担心自己无法胜任。钱三强向他说明了调去的单位、工作内容及注意事项，最后拍着他的肩膀说这项工作需要隐姓埋名多年，而且不能向外人透露丝毫，即使妻子父母也要严格保密，钱三强问邓稼先是否有这个准备。邓稼先沉吟半晌后坚定地点头答应，事情算是定下来了。很快，邓稼先便走马上任，从此他谨小慎微地在工作、保密与生活间保持平衡，后来更是像消失了一样，再没有出过国，也没有发表过论文或公开作学术报告，二十几年如一日地专心研究"大炮仗"，最终成为"两弹"功臣。

邓稼先的好友、著名科学家杨振宁在1990年的讲话中对钱三强慧眼识人表示了敬意，他说：

所以我也很佩服钱三强先生推荐的是邓稼先这个人去做原子弹的工作，因为那时候中国的人才很多呀，他为什么推荐邓稼先呢？我想，他当初有这个眼光，指派了邓稼先做这件事情，现在看起来，当然是非常正确的，可以说做了一个很大的贡献。因为他必须对邓稼先的个性、能发

第六章 投身"两弹"研制

挥作用的地方有深切的了解,才会推荐他。而这个推荐是非常对的,与后来整个中国的原子弹、氢弹工作的成功有很密切的关系。

在那个年代,推荐人才有可能会遇到政治风险,钱三强推荐周光召便是如此。

1960年3月,中苏关系全面破裂后,三位中国青年学者周光召、何祚庥和吕敏在莫斯科主动求见钱三强,他们分别是杜布纳联合核子研究所中国学者党支部的书记和委员,想要回国参加实际工作。钱三强十分高兴,也很欣赏这些急国家所急的有志青年,决定努力促成此事。三个人中,周光召是北京大学的讲师,若要重新安排他的工作,必须与北京大学协商。但更严重的问题是,周光召有极复杂的海外关系,按照当时的规定,这是绝对不可能被接受的。为此,钱三强亲自找中国驻苏使馆人员和中国学者谈话,详细了解情况后,认为周光召"是一位少有的、在理论物理方面功底十分深厚的杰出人才,无论如何也要促其实现"。回国后,钱三强亲自与北京大学交涉,最终解决了周光召的调动问题。周光召被任命为二机部第九研究院理论部第一副主任,开始了长达19年的"秘密工作"。杨振宁后来说:"光召兄回国,使中国1964年爆第一颗原子弹早了一两年。"何祚庥、吕敏也分别在氢弹理论和核试验测试工作中做出耀眼、突出的贡献。对于这件事，周光召一直念念不忘，他回忆说：

当时中苏关系破裂，去留问题很现实地摆在我们面前。恰在此时，著名物理学家钱三强先生赴苏，与我进行了一次长谈，就我国如何发展核武器谈自己的观点。这次谈话对我影响很大，使我知道了党中央发展核武器以加强国防建设的紧迫性和重要性。我决定回国，投身到"两弹"的研制中去。

当原子弹研制进入决战阶段后，需要更多带领攻关的内行人，钱三强主动向二机部党组推荐了近代物理研究所副所长王淦昌、彭桓武到核武器研究所工作。

王淦昌是中国物理学界的重要人物，此前一位友好的苏联专家回国时，曾安慰几近绝望的中国人说："我们走了不要紧，你们还有王淦昌。"王淦昌于1930年远赴德国柏林大学留学，当时欧洲正值核物理的黄金时代，他在大师云集的柏林大学接触了世界最前沿的科学。20世纪30年代中期，法西斯主义在德国日益盛行，王淦昌选择了回国。

1960年苏联专家撤离中国时，王淦昌正在苏联杜布纳联合核子研究所从事基本粒子研究。同年3月，他领导的物理小组发现了荷电反超子－反西格玛负超子。这一发现震惊了世界，也使王淦昌在苏联名声大振。次年3月，钱三强把刚回国不久的王淦昌约到二机部部长刘杰的办公室。刘杰开门见山地问王淦昌是否愿意领导研制原子弹工作。王淦昌沉吟片刻，坚定而深沉地说："我愿以身许国。"

刘杰本来留给王淦昌三天考虑时间，但他第二天就到核武器研究所（即九所）报到，担任九所副所长。从此，王淦昌从世界物理学界消失了，而中国的核研究基地多了一个化名王京的"老头"。有人向王淦昌的妻子打听他的去向，他妻子幽默地说："调到信箱里去了!"因为她只知道王淦昌的一个通信信箱编号。

如前所述，彭桓武是量子力学创始人马克斯·玻恩的得意门生，美国的"原子弹之父"罗伯特·奥本海默是他的同门师兄。1947年，拿到两个博士学位的彭桓武回国执教，并在中国第一次开设量子力学课程。后来在中国原子物理学界响当当的人物如邓稼先、黄祖洽、于敏等，都是彭桓武的学生。彭桓武虽然才高八斗，却不拘小节，他一直不知道，为了举荐他研究原子弹，钱三强在领导面前做了担保。1961年4月初，钱三强通知彭桓武，中央决定调他去核武器研究所接替苏联专家的工作，负责原子弹的理论设计。彭桓武爽快地答应下来，从此，他和许多科学家一样，放弃了自己的学术前途，在公众视野中消失得无影无踪。

这时，王淦昌主管爆轰实验，彭桓武主攻原理研究，力学方面的带头人却仍没有合适人选。钱三强对力学领域不太熟悉，于是去询问力学研究所所长钱学森，钱学森一听，爽快地说："我去！"

钱学森是世界著名的空气动力学家，回国前曾在美国从事空气动力学、火箭、导弹等领域的研究。1949年，他听说新中国成立的消息后，辞去美国国防部空军科学咨询团和美国海军炮火研究所顾问的职务，准备回国。当时美国海军部副部长丹·金布尔拍着桌子说："钱学森无论走到哪里，都抵得上五个师，我宁可把他毙了，也不能让他离开美国。"为了阻止钱学森回国，美国政府软禁了他5年之久。在这期间，中国政府、中国科技界都公开发表声明谴责美国的无理行径，但收效甚微。1954年日内瓦会议期间，中国政府多次就此事与美方沟通，最后为表示诚意，释放了11名在朝鲜战场俘获的美国飞行员，才换回了钱学森。

若能由钱学森担纲原子弹的力学研究是求之不得的，但钱三强知道，当时钱学森正一门心思地研制第一枚国产导弹——东风－2号。1959年苏联的毁约也影响到了导弹的研制。虽然苏联已经把导弹样品运到中国，但一无参数，二无理论，一切都要从头摸索。在钱学森的带领下，1960年11月，短程弹道导弹"1059"终于成功发射。此时，中程地对地战略导弹"东风－2号"的研制工作也在紧锣密鼓地进行。在这种情况下，钱学森根本无法兼顾，于是推荐了他的挚友郭永怀。

郭永怀与钱学森是同门师兄弟，都是著名物理学家冯·卡门的高足。在钱学森回国一年后，郭永怀也冲破重重阻挠，从美国回到了中国。回国前，他烧掉了自己十几年的手稿。他的妻子李佩在一旁看到后，非常心疼，但他指指自己的脑袋说："有什么可心疼的，这些东西都在我脑子里！"

王淦昌、彭桓武、郭永怀三位大科学家来到九所后，邓稼先激动地说，钱三强为九所请来了三尊"大菩萨"。

"岁寒，然后知松柏之后凋也。"当苏联背信弃义撤走所有援华专家并带走所有的技术资料后，中国科学家为祖国的核工业撑起了一片天。几十年后，彭桓武在回首往事时深有感触地说："老实说，我觉得我们比苏联专家干得好。如果苏联专家不走，原子弹不会这么快爆炸，氢弹肯定不会有。"

然而，当年这些放"大炮仗"的科学工作者背后是令人难以想象的付出，他们不畏艰辛、甘愿吃苦、将个人安危置之度外，甚至连家庭也"不闻不问"。钱三强自然也明白这些，所以常常为推荐了这些科学家，导致他们远离家人、与外界隔绝、失去生活享受，甚至落下终身疾病而深感不安。然而，在科学家们心中却另有一番看法，他接到过于敏的一封信，信中说："这件事情我不后悔，总算给国家干了点实际有用的事情,知识分子能有这个机会是不容易的。"这封信的内容如甘霖般使钱三强稍有心安,他为他们这种忘我不悔的精神备感欣慰和自豪。

5. 原子弹攻坚战

1961年,原子弹的研制进入关键时期,为了加强全面协作,充分发挥中国科学院相关研究所的力量,更好地为"两弹"服务,二机部与中国科学院成立了协作小组,成员包括二机部的刘杰、钱三强,中国科学院的张劲夫、裴丽生,国防科委的刘西尧。

这一年,钱三强四处奔波,协调和落实各项工作:7月前往沈阳、长春、哈尔滨,组织金属所、应用化学所、土木建筑所安排有关金属铀冶炼、核燃料化学、反应堆结构力学等攻关任务;9月南下湖南铀矿厂、矿冶所,落实铀矿采选和化学冶炼的联合攻关;10月到湖南二矿进行技术指导,并在衡阳召开科技攻关现场会,就铀水冶炼厂生产设备中存在的一些技术问题进行"专家会诊",还重点审查了纯化车间的试车方案;11月在上海主持"甲种分离膜"攻关汇报会,提出对策和措施……

据统计,仅1961年,二机部接受的任务就多达83项,共计222个研究课题,参与的研究所有20多个,最终各项

第六章 投身"两弹"研制

任务都及时完成,确保了整体的工作需要。基于此,二机部和国防科委认为:"配合原子能工业的科学研究工作,自今年进一步组织二机部和中国科学院等有关单位的具体协作后,也有很大进展……若是组织得好,抓得紧,有关措施能及时跟上……在1964年制成核武器和进行核试验是可能实现的。"

但是,苏联毁约搞"突然袭击",制造的关键难题很多,有些直接落到了处在特殊位置的钱三强身上。为了不耽误研究工作,按时完成核试验,钱三强勇力一肩挑。在他的领导下,一场全面攻关、自力更生、奋发图强的激情之火,迅速燃烧起来。

原子弹爆炸需要依靠两块铀发生链式反应,而铀浓缩厂需要的关键生产原料是六氟化铀,它由二氧化铀经两次氟化获得。苏联撕毁协议后,这种原本由苏联提供的原料转而需要我国自行解决。于是,尽快掌握铀转化技术就成了当时的紧急任务。

钱三强亲自督促这件事。他先抓生产,同时毫不放松铀转化厂的建设,并形象地称这种做法为"骑驴找马"。他将这种"简化生产"交给吴征铠、汪德熙、王承书等人负责。四个月后,六氟化铀简化生产在第一次试验时就获得了认可,成为合格的产品。钱三强陪同国防科委主任张爱萍视察了试验现场,激励大家说:"只要生产出 2 克合格产品,就算成功!"结果,首次试验就生产出了 3300 克合格产品。士气随之大振，于 1963 年胜利完成 18 吨六氟化铀的生产任务，为我国制造第一颗原子弹提供了充足的原料。

六氟化铀的制备，使苏联阻止我国进行核试验的企图破灭了，同时也意味着我国完全可以依靠自己的力量生产核试验所需的核燃料。

铀转化厂建成以后，开始批量生产 235 浓缩铀，但科研团队又被扩散分离膜卡住了脖子。铀同位素分离有许多关键技术，其中，气体扩散机上的核心元件——扩散分离膜，称得上是核心中的核心。当时只有美、苏、法三国能制造这种尖端产品，并且都将这种技术视为"安全的心脏"，绝对保密，中国很难从它们那里获取。

1960 年 5 月，为了对气体扩散分离膜进行探索研究，钱三强从原子能研究所抽调了 20 名科技人员，成立了以钱皋韵为首的研究小组，技术指导为复旦大学的化工专家吴征铠。

但是，制成扩散分离膜涉及粉末冶金、物理冶金、压力加工、焊接、金属腐蚀、物理化学、电化学、机电设计制造、分析测试等众多学科，涉及制粉、调浆、制膜、烧结、加工、焊接、后处理等一系列工艺工程，需要多个学科的专家合作攻关。

1960 年 8 月，钱三强给上海冶金研究所的党委书记郑万钧、粉末冶金专家金大康、金属材料专家邹世昌下达了研制分离膜的攻关任务。很快，问题暴露了出来——这几个单位的工作重复部分较多，而且力量过于分散，又因为保密制度而缺少交流，进展十分缓慢。

经过总结经验教训，钱三强和裴丽生决定将中国原子能科学研究院、沈阳金属所、复旦大学的相关工作人员，共60余人，召集到上海冶金研究所一起攻关。到1963年秋，扩散分离膜元件性能已达到实际应用要求，实验室试制工作基本结束，年底实现了工厂量产，经运行试验表明，其性能比苏联的元件更优越。由此，中国研制原子弹的又一障碍被清除，我国成为继美、苏、法之后第四个独立掌握该项技术的国家。

除了完备物质材料，建立良好的分析方法对原子弹的研制也有关键性的影响。钱三强和中国科学院、二机部的领导一起，及时组织中国原子能科学研究院、长春应用化学所、清华大学、复旦大学等单位的专家通力合作，拟定了数百个高质量的分析方法，为建立核燃料的工艺和分析方法提供了条件。

研制为原子弹点火的中子弹，也是当时一项十分紧急的任务。1960年5月，中国原子能科学研究院接受了合成氘化铀的任务。爱因斯坦认为，用中子轰击核原子，才能引起核爆炸。因此，原子弹的点火装置，叫作"点火中子源"，它就是氘化铀小球。氘化铀小球虽然只有乒乓球大小，却是原子弹的关键部件之一，而且制作工艺复杂，需要 100 多道工序。

  在敲定负责人时，钱三强想到所里年轻的化学工程师王方定。一天晚上，他把王方定叫到自己的办公室，对他说："小王，研究原子弹点火装置需要尽快过关。这个任务时间紧、担子重，调你去做，你看怎么样？"王方定内心一阵紧张，这副担子实在太重了！然而，他从钱三强那期待和信任的目光中看到了责任，他有这个能力，他获得了力量，增强了勇气和信心。钱三强又指着放在办公桌上的一个容器，对他说："你看，这是我从法国带回来的一点放射性废渣原料，放了这么多年，一直舍不得用。现在交给你，把它用到最需要的地方去。"

  王方定被钱三强深沉炽热的爱国心感动了，他双手捧起那个饱含希望的容器，同时也捧起了对国家沉甸甸的责任。

  接受任务后，王方定到处查阅相关文献，却一无所获。看来只能靠自己摸索了，他决定先建造一个合成氘化铀的实验室。在他的带领下，攻关小组和工人师傅一起花了一个多月的时间，用"芦苇秆抹灰当墙，油毡涂沥青做顶"，搭建出简易的工棚，然后在工棚里用砖头砌起了实验台。这个简易的工棚里没有任何防寒避暑设施，夏天温度高达三十六七摄氏度，汗水湿透了工作服；冬天则像冰库一样，冻得他们经常一边做实验一边跺脚取暖。

  在如此简陋的条件下，经过 3 年艰苦奋战，王方定他

第六章 投身"两弹"研制

们终于在 1963 年 11 月制成两个符合原设计要求的氚化铀小球样品。同年年底,他们又成功研制出四个合格的点火中子源,并将它们安全送到了西北基地。

随着各项理论设计和材料研制先后获得重大突破,原子弹爆炸试验被提上日程。二机部向中央报告时表示,争取在 1964 年,最迟在 1965 年上半年爆炸我国第一颗原子弹。

10 月 16 日,钱三强参加国防科委办公会议,研究核试验靶场的有关技术工作。会上,钱三强向聂荣臻、罗瑞卿、张爱萍等领导汇报说:"原子弹涉及十分复杂的、集多学科为一体的高科技试验,仅就核试验靶场可以开展的技术项目就有上百个,而这一个个项目都需要研究、定题,并在靶场进行技术工程的建设。这样就需要有很强的技术力量,立即着手立项研究。"

张爱萍建议钱三强推荐现场技术设计的合适人选,钱三强经过慎重考虑后,推荐了程开甲。程开甲早年在英国爱丁堡大学留学,获得博士学位,之后在英国皇家化学工业研究所担任研究员。新中国成立后,他毅然回国,曾参与南京大学核物理教研室、江苏省原子能研究所的创建工作。1960 年,经钱三强推荐,程开甲来到核武器研究所任副所长,主管理论设计,负责计算炸药引爆原子弹的冲击聚焦条件,是中国最早投身于原子弹领域的专家之一。与此同时,钱三强还推荐了中国原子能科学研究院的吕敏、陆祖荫、忻贤杰三位得力骨干，协助程开甲开展工作。

程开甲对原子弹爆炸试验的技术设计也要从头开始，首要任务是设计实验方案，原子弹应该采用什么方式爆炸——飞机空投还是无线测控。为了集思广益，打破思维壁垒，钱三强向程开甲交代："试验方案可以参考原来的建议，但不要局限于现成思路，要大胆探索。"

程开甲分析认为，如果第一次就采取空爆方式，很难在测试与起爆同步、落点瞄准以及投弹飞机安全等关键问题上做到万无一失。他从技术角度提出用塔爆取代空爆；从保密角度又提出将无线电测控改为铺设电缆进行有线测控。11月16日，程开甲主持起草了《关于第一种试验性产品国家试验方式的研究工作纲要》，提出我国第一颗原子弹将采用静电试验方式，将核装置放在百米高的铁塔上做爆炸试验。

钱三强审读后，认为这个方案考虑周全，提出的建议极具科学性和可行性，于是同意上报，并很快得到上级的批准。

在程开甲等人的领导和各方的广泛协作下，历经2年多的努力，1964年春，托举原子弹的百米高塔在罗布泊岿然而立。主控站、分控站、测量站、照相站等各项配套试验工程也陆续完工。

1964年10月16日下午2时45分，二机部部长刘杰用颤抖的声音对钱三强说："三强同志，再过一刻钟，我们放的那个'炮仗'就要响了，你看还有万分之几的可能不响？"钱三强听了，眼里噙着热泪，激动地说："会成功的，会成功的！"

下午3时整，随着一声"起爆"的命令，一颗猩红色的小太阳从西北大漠荒原直冲云天。一声惊雷响过，一团美妙无比的蘑菇状云团在祖国西北部的天空翻腾舒卷，绘成了一幅令无数人欢呼雀跃的壮丽图景……

6. 预研氢弹的前瞻部署

第一颗原子弹爆炸成功后，1967年6月17日上午8时20分，我国又成功爆炸了第一颗氢弹。与世界其他国家的用时相比，中国的"两弹"爆炸仅仅相隔2年零8个月左右。当天深夜，这条消息从北京传出，一时间，举国沸腾，举世震惊，各国媒体争相报道和评论这一事件。

英国《星期日泰晤士报》以"中国爆炸氢弹"为题，发表评论称：中国在通向完全核地位的道路上前进的速度，又一次使西方专家们大为惊诧。它的第一颗氢弹爆炸的实现，比预计早了6个月到1年的时间。中国由原子武器到制造热核武器所用的时间，比任何国家都短，现在已经追上了法国。

对西方来说，中国如此神速地爆炸了氢弹，似乎是一个不解之谜。而对中国来说，这是在科学家们不经意间下了一步"闲棋"。

在原子弹研制进入关键时刻之际，钱三强就在考虑氢弹问题。1960年12月的一天，钱三强和刘杰谈起氢弹的话题，钱三强建议尽快开始氢弹研制工作。他向刘杰介绍了氢弹的基本特点，因为氢弹要以原子弹做引爆器，但又有与原子弹不同的原理和规律，所以与轻核聚变反应有关的理论问题需要有人先行探索，宜早不宜迟。刘杰准备将这项工作交给中国原子能科学研究院，核武器研究所则继续集中精力进行原子弹的研制。

他问钱三强："原子能研究所在理论方面还有没有力量做这件事？"

"有，还有一些力量。"

刘杰听了，代表二机部党组正式委托钱三强："那好，这件事由你直接领导。"

经过多日的考虑，钱三强首先找黄祖洽谈话："为了早日掌握制造氢弹的理论和技术，我们要组织一个研究组，先对氢弹的作用原理、可行的结构进行探索研究。你原来带的那个组叫47组，现在这个轻核理论组就叫470组吧。工作要特别注意保密。"

不久，刚从苏联杜布纳联合核子研究所回来，正在做β衰变理论研究的何祚庥，也成了轻核理论组的骨干成员。

根据钱三强的了解，还有一个人也非常适合到轻核理论组工作,他就是于敏。于敏性格内向,开会不爱发言,不爱表态,有个外号叫"老运动员",每次政治运动他都因为"只专不红"而挨批。那个年代,政治高于一切,于敏一直未能参与原子弹研制,很大程度上是因为组织对他不放心。重用于敏显然要冒很大的政治风险,但是为了祖国伟大的事业,钱三强敢担风险,他顶着压力,做了他应该做的事,做了他习惯做的事,也是他不得不做的事——重用于敏。

1961年1月12日,钱三强找来于敏布置"绝密"任务。于敏对此略显惊愕:研制氢弹是国家的绝密工作,真的会让他这个"老运动员"参与吗?当他明白这个安排千真万确时,不由得百感交集。就在一年多前,也就是1959年,所里还点名批评于敏"知识私有"和"梦想一举成名",并且要求钱三强出面跟于敏谈话,这显然是将他的军,钱三强知道背后的复杂情况,但是他却利用这个机会安抚了于敏,并尽力保护他。

由于于敏在被批判后仍然积极工作,表现不错,所以被允许调到核武器研究所工作。1965年9月,于敏带领一支小分队赴上海计算研究所,抓紧计算了一批模型,经分析研究获得热核材料燃烧规律的重要成果,但这种模型重量大、比威力低、聚变比低,不符合当量要求。于敏在总结经验的基础上,做了一系列详细的分析报告,科技人员又重新计算了一批模型,发现热核材料自持燃烧的关键,突破了氢弹原理方案的重要课题，为氢弹的研制成功提供先决条件。随后，于敏又开始研究氢弹原理，提出从原理到构形的基本完整的设想，使热核武器的大量关键性的理论问题得到解决。

事实证明，钱三强的决定是正确的，他为此冒的风险也是值得的。于敏对钱三强让自己加入轻核理论组也充满了感激，他在《自述》里表示："钱先生的这次谈话，改变了我的一生。"何祚庥在回忆文章中也曾提及此事：

> 于敏是（中国）原子能（科学研究）院里的"老运动员"，是"道路"问题，这样的人能否请来参加这样的工作，在当时"以阶级斗争为纲"的形势下，这又成为疑问。又是三强同志承担起政治责任，拍板定案，决定调于敏同志来参加并领导这项工作。这是由于三强同志竭力排除来自"左"的思潮的干扰，知人善任的结果。

在钱三强的努力下，轻核理论组一度发展到40多人，另外钱三强还请来了华罗庚、谷超豪等数学方面的专家帮忙解决其中的数值计算问题。在几年时间里，轻核理论组一共完成69篇研究报告和论文，还有一些没有写成文章的研究心得，这使参与这项工作的人员对完全陌生的氢弹理论及许多关键性概念，有了较深入的认识。

在成立轻核理论组的同时，钱三强还组织成立了轻核反应实验组（代号2-9组），隶属于何泽慧主持的中子物理室（二室），组长先后由蔡敦九、丁大钊担任。

轻核理论组和轻核反应实验组一度是钱三强"两手抓"的工作。丁大钊等人在2003年回忆说：

> 钱先生在百忙中经常挤出时间参加我们的讨论，提出他的构想，引导大家深入研究。例如他说，可以设想氢弹装置是一个裂变燃料和轻核材料的组合体，在裂变和聚变过程中产生大量的中子、γ射线并释放大量的能量。据说，美国第一颗氢弹实际上只能说是一个氘装置；而由苏联氢弹爆炸中测出了6Li。到底起主要作用的反应机制如何？用到哪些材料和如何组合最佳？……钱先生的多次谈话，为轻核反应实验组指明了研究方向、目标任务、重要课题、工作步骤和方法。

轻核反应实验组取得的成果，在后来的应用中起到重要作用。比如1965年2月，核武器研究所理论部从苏联公布的有关文献中，发现某一轻核反应截面数据数值大得不合理。之后，何泽慧带领30名科研人员重新研究了该截面数据。在正常情况下需要两三年时间才能完成的工作，何泽慧领导的攻关小组只用了四个月；更为关键的是，这次攻关避免了错误数据的误导，没有走到氢弹设计的错误方向上。这其中的"秘密"，就是因为有了轻核反应实验组几年前的工作基础。

第一颗原子弹爆炸成功后，周恩来指示二机部尽快提出加快氢弹研制的计划，要求把氢弹的理论研究放在首位，并注意处理好理论和技术、研制和试验的关系。

1965年2月，中央专门委员会批准了二机部上报的计划，确定力争1968年进行氢弹装置爆炸试验。几个月后，又批准了二机部《关于突破氢弹技术的工作安排》，决定在继续理论探索的同时进行若干核试验，争取在1966年6月进行一次含有热核材料的原子弹试验，按理论与实践相结合的方式，逐步突破氢弹技术。

第一颗原子弹试验成功两个月后，即1965年1月，轻核理论组的核心骨干黄祖洽、于敏、何祚庥等共31人奉命调到核武器研究所。大家发挥各自的专长，在原有对原子弹研制及对氢弹预研认识的基础上，共同探讨实现氢弹的具体途径。果然，他们只经过一次含有热核材料的加强型原子弹空中爆炸试验，便在1967年，即原子弹爆炸成功后2年零8个月，成功爆炸了我国第一颗氢弹，创造了世界上从原子弹试验成功到氢弹试验成功最快的纪录。

美国和苏联从爆炸第一颗原子弹到爆炸第一颗氢弹所用的时间，分别是7年零4个月和将近4年，而且美国1952年试验爆炸的是一个65吨重、3层楼房高的氢弹装置，苏联1953年爆炸的第一颗氢弹能用飞机空投，但爆炸威力只有 40 万吨 TNT 当量。而我国这次试验，成功实现了体积较小、重量较轻、聚变较高的百万吨级氢弹的预期目标。这一伟大成就的取得，与钱三强以其远见卓识提前部署氢弹的理论探索有极大关系。

为什么在原子弹爆炸工作尚未突破时就想到了要提前展开氢弹的理论探索？二机部部长刘杰后来回忆这段工作时说："我在和专家的接触中，知道了原子弹和氢弹是不同的，有很大差别，也知道美国在比基尼岛爆炸的氢弹有那么大的个头，但当时对氢弹的基本原理还不清楚，就和钱三强同志谈这个问题，可不可以从理论上先做一些工作，考虑先做一些基本的探讨，在这个基础上再下决心。钱三强同志在这个问题上下了很大功夫，做了大量组织工作进行研究，起了很重要的作用。"

张劲夫在 1956 年至 1967 年间担任中国科学院党组书记、副院长，主持中国科学院的日常工作。他对钱三强在我国原子弹和氢弹研制中做出的贡献有过中肯的评价：

我国研制原子弹和氢弹，三强起了重要作用，功不可没。早在 1960 年，中国原子能科学研究院就成立了中子物理小组，由所长钱三强主持，组织黄祖洽、于敏等开始做基础研究，为后来的氢弹研制做准备。研制氢弹的工作主要是于敏他们做的，方案是于敏提的，也得过大奖，但题目是刘杰与三强商量后提出的。原子弹爆炸以后还要搞氢弹,而中国从原子弹到氢弹只用了2年零8个月。1964年爆炸了原子弹,1967年就爆炸了氢弹。有人总认为三强自己没参加具体的研究工作,我则认为如果没有他做学术组织工作,如果不是他十分内行地及早提出这些方案与课题,你怎么赶上和超过别人!

第七章　星殒光犹存

钱三强既是一位伟大的科学家，也是一个普通的共产党员。作为科学家，特别是科学管理工作者，他为国家科学事业的发展尽心竭力、不辞劳苦；作为一名党员，他严格要求自己，有名不特殊，有功不居功。他的一生平凡而伟大。

1. 可爱的书生气

1999年5月6日,《人民日报》发表了张劲夫撰写的《请历史记住他们——关于中国科学院与"两弹一星"的回忆》一文,较全面地回顾了中国科学院的科学家和科技人员参与"两弹一星"研制工作的这段历史。文中有一节客观地描述了钱三强的"弱点"——书生气,但在作者眼中,这是"科学家可爱的书生气"。文中说:

钱三强是著名核物理学家,我说他有书生气,是因为这么一件事:三强访问苏联回来,很快就找到我。他来的时候气鼓鼓的,说:"张副院长,我对你有意见!"我说:"什么意见?"他说:"对你们的科学规划有意见。你们搞了一个'四项紧急措施',怎么没有原子能措施?这是非常重要的事情啊,你怎么没有搞哇!"

第七章 星殒光犹存

我说:"三强,你冷静冷静。"他带着一股气对我提意见,很直爽,没有拐弯抹角。我很欣赏他的这个态度。我又说:"你先等一等,听我给你讲一讲。原子能的事,是搞原子弹哪。这是国家最绝密的大事,是毛主席过问的大事啊!另外要搞绝密的单独规划,不能在这么多人中讨论这个规划。你认为没有列入紧急措施就是不重视、不支持了吗?"他当时最关心的是想从(中国)科学院调些人去,怕我们不重视,不愿意给人。我说:"只要我们能做到的,尽量支持你,你这个原子能研究是中央任务,是第一位的任务,比'四项紧急措施'还重要。'四项紧急措施'是为你服务的啊!"我这一讲,他连忙说:"我懂了,我懂了。"

在这篇文章中,张劲夫还谈到了他对钱三强的"书生气"的看法:

三强去世后,我写了一篇文章纪念他,特别怀念他做了许多学术组织工作,比如说要(中国)科学院各个所来配合承担任务,你选什么任务,他能提出题目来,请你承担,他懂。他在法国跟着约里奥-居里做研究工作,发现过原子核三分裂现象,组织能力也比较强。但是正如前边所说,他有一点书生气,人很直爽,有意见就提。他是科学家,当了二机部副部长,这样的待遇是不多的。我讲了他的优点,也讲了他的缺点,但是我要说:"书生气比官僚气要好得多!"

  钱三强对自己身上的书生气,也有较好的认知。他年轻时就书生气十足,高中毕业时读了孙中山的《建国方略》,产生"实业救国"的痴心,于是决意报考上海交通大学电机工程专业,为此他不惜多花 2 年时间读北大预科;后来听了清华大学物理系几位教授的讲课,又毅然放弃北大本科的 1 年学习,报考清华大学物理系重读一年级,这时他的痴心从"实业救国"转到了"物质结构科学"上。

  钱三强的痴心追求,有的成功了,有的则百般努力仍没有结果。比如,1948 年他兴致勃勃地回到中国,打算在北平建设"原子核物理中心",结果处处碰壁,最后不了了之。这也是他的书生气所致,忘了科学有时也要屈从于政治。

  1949 年 3 月,中国还处于动荡之中,他想趁着参加世界和平拥护者大会的机会在国外购置一些科学仪器回来,于是很不合时宜地提出要带些外汇出国。事后他冷静下来一想,不由得"埋怨自己书生气太重,不识时务"。所幸这次他的请求得到批准,倒也多亏了他的书生气,这笔外汇所购得的仪器、原材料和图书资料,奠定了中国近代物理研究的基础,为开创新中国原子科学事业和培养人才发挥了巨大作用。

第七章 星殒光犹存

因为长期以来书生气一直没有引来太大的麻烦，所以钱三强始终故我，说话直来直去，没有心机，是非分明，认为好就说好，不好就说不好。而且他也藏不住话，有话就非要说出来不可。后来他在多次政治运动中接连吃苦头，多少也是因为这"不识时务"的书生气，但是他始终无法完全改正这个"缺点"。面对不合理的事情，即使所有人都噤声盲从，他也从来不愿屈服。比如"大跃进"时期，他顶住巨大的压力，坚持不肯"放卫星"、盲目提高指标，于是被批判为"保守"。

1958年10月4日，中国科学院召开"献礼祝捷万人大会"，各研究所一共献出2152项科学成果，据称其中超过世界水平的有66项，达到世界水平的有167项。钱三强也代表中国原子能科学研究院作了献礼发言，却显得极为"逊色"。黄胜年（后当选中国科学院院士）也参加了这次祝捷大会，几十年后他颇有感触地回忆道：

我记得有一次科学院召开大会，发言者大都提出了事实上难以达到的高指标，而且像竞赛似的，一个比一个讲得"宏伟"和"鼓舞人心"。轮到钱先生上台，出乎许多人的意料，他平静地讲了能够做到的事情，在那次大会上是被认为"保守"的。我心中明白，他这样做要承受多么大的压力。现在回想起来，更觉得难能可贵。

坚持一个科学工作者的良心，坚持实事求是，对于不合理的事情，即使是一时的强大潮流，钱先生也不愿稍稍苟合附和。这种刚正耿直的性格，曾经给他自己带来不少的麻烦。不过，这也许是一切善良正直的人们在那种不正常年代里的共同遭遇。

葛能全先生曾任钱三强的专职秘书多年，对钱三强有较深的认识。葛先生认为，钱三强疾恶如仇，看不惯生活中的歪风邪气；遇事直来直去，说话不留情面，不会迎合形势发展说违心话等，这使他在当时特有的政治氛围中"很吃亏"。比如他曾经因为对某些人盲目搞高指标提了不同意见，受到批判并招致"缺少工农感情"的罪名，要下放劳动"补课"。

1957年和1958年9月之前，钱三强在遭受一系列的批判后，也想打起精神去适应当时"大干快上"的形势，但是已经深入骨髓的"书生气"使他在大环境中显得特立独行，不懂人情世故。

1960年的"超声波化"运动兴起时，钱三强有些担心，认为这种不科学的东西会影响中国原子能科学研究院的工作进展，也不利于培养严谨的科学作风，所以，他又忍不住站出来说话了。关于此事，何祚庥在1992年回忆道：

一件事是在1959—1960年时出现的所谓"超声波产生

放射性"。事件起始于某研究所的工作人员,发现非放射性样品经过超声波"吱吱吱"以后,就"活化"为带有放射线的源。其时,因为国内正在开展一个超声波的运动,这一发现不仅被当作"重大成果",而且还提到"路线"的高度——要走出中国式的发展原子能的道路!

作为原子物理学的专家,钱三强同志当然知道超声波不可能产生出放射性。但问题并不是一个简单的科学判断,这就要考验一个共产党员的党性了。三强同志顽强地反对、抵制这一"中国式的道路",竭力不让这一"道路"干扰中国原子能科学研究院的主要工作。最后还是在他的支持下,组织某些研究人员做了一个精细的实验,从而最终否定了这一"新生事物"。

我记得三强同志在全所大会上的总结发言中指出:那些竭力将"超声波产生放射性"吹嘘为党的路线的光辉成就的同志,不是在那里提高党的威信,而是败坏党的声誉,实实在在地给党的路线抹灰涂黑。

如今回望过去,隔着时间的推移,我们更清晰地看到,钱三强的"书生气"不仅仅是他个人性格、价值观念使然,更是他对科学、对"科学为人民服务"、对"科学救国"的忠贞与坚守。这是多么可爱、值得我们深思的科学家的"书生气"!

2. 为科学事业的鼓与呼

1975年，邓小平复出，负责主持党中央和国务院的日常工作。胡耀邦受中央委派，到中国科学院担任领导工作，负责整顿中国科学院。同年7月，钱三强被批准从二机部回到中国科学院，工作又变得忙碌起来。

8月25日，分管科技工作的副总理华国锋召开座谈会，请一些科学家来讨论如何在科学研究上贯彻"百花齐放、百家争鸣"方针，把科研工作搞好。会上大家发言十分踊跃，但华国锋因为临时出差，无法继续主持座谈会，胡耀邦便郑重地委托钱三强来负责这件事。钱三强从1966年6月起，长达9年多时间都在接受批斗、盘问，甚至不能平等地参加会议，现在受到如此信任，他一时百感交集。

感慨归感慨，工作还是要做好的。钱三强和过去一样，做事雷厉风行，在9月1日便召开了首次"百家争鸣"座谈会。他在开场发表了讲话，向与会科学家传达了华国锋和胡耀邦的讲话精神，然后说："实现四个现代化，科学技术如不先行一步，就搞不上去。领导的原则已定，还要靠下面提出应该怎么搞好，靠从事科学工作的同志们来提。有人说，过去提了没有用处。过去时机没到，不过还是有一些用处，现在时机到了，应该积极提出意见，供领导参考。胡耀邦同志决定召开这样的座谈会，就是为了听取大家的意见，把科研工作搞好。"

在场的众多科学家都知道钱三强是被打倒后复出的，现在这番话由他诚恳地说出来，大家打消了顾虑，积极发言，敞开心扉讲了自己的认识、体会、希望和担忧，其中还有不少对科研和时事时政的谏言。

胡耀邦审阅了几次座谈会的简报后，感觉"颇有收获"，决定座谈会再继续开一段时间，"这是一个很好的渠道，便于听到大家的意见。通过这样的座谈会，还可以学到知识，调动科技人员的积极性"。当然，在那个年代，也有一些单位、一些人极力抵制这个座谈会，扣发简报，不准下发，不准传播，污蔑其"为复辟制造舆论"。

这个"百家争鸣"座谈会一直进行到11月22日，钱三强最后根据胡耀邦"实事求是整出一个东西"的要求，主持起草了《关于"百家争鸣"问题》的综合报告。这份报告事实充分，观点鲜明，全无当时时兴的"假大空"的语言。报告开头写道：

一个时期以来，在自然科学领域里，毛主席倡导的"百家争鸣"方针没有得到很好的贯彻，学术气氛相当淡薄。从哲学方面批判外国科学家唯心主义和反动学术观点有一些，不同学术观点的争鸣则很少。这种状况对我国科学事业的发展很不利。学术争鸣没有很好开展，不少科学工作者"不敢鸣""不愿鸣",其原因是多方面的,而关键在于领导。

报告中还列举了科学工作者"不敢鸣""不愿鸣"的原因,比如用简单的行政方法处理科技问题,压制不同意见,甚至对正确的意见妄加批评;政策界限不清,科学工作者存在顾虑,担心提出不同意见会被认为是政治问题;很多学术问题往往是在理论研究领域展开的,而我国的理论研究工作还相对薄弱,即使想"鸣"也"鸣"不起来,等等。

写出这样一份报告,在当时的政治形势下仍然需要极大的勇气,但钱三强义无反顾,部分原因是他看到中国科学院在胡耀邦的整顿下有了可喜的变化。作为一名科学家,他觉得自己有责任为发展中国的科学事业尽一分力。然而,"批邓、反击右倾翻案风"运动很快又开始了,钱三强主持起草的这份报告在中国科学院被攻击为"没有出笼就夭折了的毒草"。幸而1976年10月"四人帮"被粉碎,科学事业拨云见日,又迎来阳光明媚的春天。

1978年3月18日,在全国科学大会上,邓小平明确指出:"科学技术是生产力,这是马克思主义历来的观点。"科学大会结束后,钱三强在接受记者采访时,非常兴奋地说出了自己的感受:"全国科学大会的胜利召开,标志着我国科学技术的发展进入一个新的历史时期,迎来又一个科学的春天。科学技术和科学技术工作者在国家建设中的地位和作用，重新得到了肯定。特别是邓小平同志阐明的科学技术是生产力，科学技术是四个现代化建设的关键和科技人员是工人阶级的一部分，以及科研工作必须走在生产建设前面的思想，为我国科学技术的繁荣和发展奠定了可靠的基础。"

年逾花甲的钱三强重新担任了中国科学院副秘书长的职务，他又拿出自己年轻时的干劲，为中国的科学事业而奔忙，参与了合肥的托卡马克-8号装置、同步辐射加速器，兰州的重离子加速器，北京的高能加速器等几大科学工程的前期组织和策划。

钱三强还很关注中国高能物理研究的发展。在建立近代物理研究所期间，他曾在1956年提出建造一台电子同步加速器的计划；第一颗原子弹成功爆炸后，他甚至准备单独筹建高能物理研究基地。但"文革"使他的计划不得不暂停。到1977年，国家终于批准建造一台50亿电子伏的质子同步加速器。由于工程重大，又缺乏相关经验，钱三强先后与丁肇中、邓昌黎、杨振宁、李政道和联邦德国电子同步加速器研究中心主任、欧洲核子中心总主任等进行专门会谈，深入而具体地讨论了有关问题。邓小平一一会见了这些被邀请来华的专家，表明中国政府的支持态度。钱三强每次都陪同接见，邓小平的谈话，使他的信心和底气更足了。

20世纪80年代初，中国调整了高能物理的发展计划，决定与美国相关机构合作，在北京建造正负电子对撞机。钱三强担任中美高能物理联合委员会中方主席，与美方签订了中美高能物理合作项目计划。后来，因钱三强的健康原因及职务变动，这一项目由周光召接手。

1977年6月，钱三强出访澳大利亚，对世界科技的发展现状十分震惊。回国后，他总结出世界科技发展的三个前沿阵地：一是物质结构里边的粒子物理，也叫高能物理；二是与宇宙演化有关的天体物理；三是包括生命起源在内的生物科学。为此，他和周培源先后策划召开了物理学会基本粒子分会会议、微观物理思想史讨论会。在微观物理思想史讨论会上，钱三强说，如果研究工作有了好的进展，将考虑召开一个国际性的讨论会，与世界高水平人士进行交流。

1980年1月，钱三强兑现了这个承诺，召开广州（从化）粒子物理理论讨论会。会前，他写信给李政道、杨振宁征求意见，商讨海外华裔学者邀请名单。后来，李政道、杨振宁等50位华裔学者应邀参加会议，与国内学者同场交流。在为期五天的会议中，大家交流研究了112篇报告和论文（其中国内84篇），可谓是中国理论物理学界一次空前的盛会。邓小平在北京接见并宴请了海外学者和部分国内学者，他听了会议情况汇报后，非常高兴。在1月16日的一个高层会议上，邓小平专门讲到广州（从化）粒子物理理论讨论会,要求各级党委有意识地选拔、培养、帮助专业人才,改善他们的工作条件和待遇。

钱三强还积极推动我国人工合成胰岛素申请诺贝尔奖。我国人工合成胰岛素的研究成果,正式通过国家鉴定的时间是"文革"前夕的1966年4月。这项工作在欧洲生物化学学会联合会会议上引起强烈反响,多国科学家都认为这是非常重要的贡献。但基于当时的特殊情势,钱三强对于我国科学工作者在世界上首先实现人工全合成牛胰岛素可以说一无所知。他真正了解这项科学成果的意义,还是在1977年6月中下旬率团访问澳大利亚时,他与澳大利亚科学家谈话,有人对他说:"你们人工合成胰岛素的工作是应该获得诺贝尔奖的,问题在于你们愿不愿意接受。"

这次谈话后,钱三强询问了一同出访的童第周、王应睐,才知道事情的大概。他认为中国科学家在生物科学基础研究方面取得了可喜的成果,无论能否获得诺贝尔奖,都应该借此机会扩大中国的影响力。所以,他回国后马上向中国科学院主要领导汇报了自己的想法,征得同意后,他便着手运作此事。

很快,机会就来了。1978年9月,杨振宁向邓小平提出,他可以提名人工合成胰岛素申请诺贝尔奖。于是,钱三强首先发电报给杨振宁,征求其意见。同年11月3日,国家科委党组与中国科学院党组举行了联席会议,钱三强在会上提出了向诺贝尔奖委员会推荐人工合成胰岛素成果的建议。这一建议得到通过,但接下来的难题就比较棘手了。因为按诺贝尔奖的相关规定,要从参与人工合成胰岛素研究的众多科学家中,推选出代表作为诺贝尔奖的候选人。而我国人工合成胰岛素的研究成果,是上海生物化学研究所、北京大学、上海有机研究所三个单位合作的结晶。为此,钱三强开始做内部协调工作,他把这三个单位参加过人工合成胰岛素研究的约30位科学研究人员,请到北京友谊宾馆开了三天总结评选会。会上,经过评选委员会无记名投票,选出4名科学家作为向诺贝尔奖委员会推荐的人选。

同年12月25日,钱三强主持起草并代表中国科学院签发给国务院的《关于向诺贝尔奖委员会推荐我国人工合成胰岛素研究成果的请示报告》很快获得了批准。这项成果最后虽然没有获得诺贝尔奖,但是它在国际上的影响是有目共睹。钱三强的行动也表现出他对中国科学事业的强烈责任感。

3. "不自觉的科学学工作者"

20世纪70年代末至80年代初,一个陌生的外来科学名词"科学学"传到中国时,除了一些学者在自然辩证法名义下开始做些探讨外,自然科学家大多不以为意,而钱三强以独特的眼光视其为推动中国管理科学发展的借鉴物，努力进行宣传。1981年，他在第一次全国科学学理论讨论会上，结合自己的经历谈道：

科学学研究在我国刚刚开展起来，有同志就动员我来听听大家的发言，结果听听就听得有点意思了。我想我回国33年了，干了点什么事呢？不就是科学研究的管理、参与决策和组织领导工作吗？30多年来，我干的基本上就是属于科学学的工作。不过，当时在国内还没有科学学这个名词，只是盲目地在做科学学的工作，是一个不自觉的科学学工作者，因此，工作中盲目性就不少。过去没有想过，随着我国科学学研究一点一点地发展，现在可算是找到老家了，就是科学学这个范围。尽管我的专业范围是属于物理学与核科学技术，但是总体来看，真正的活动领域，还是比较接近科学学方面。

对于20世纪80年代出现的加强软科学，发展交叉科学，提倡学科交叉的认识热潮，当时身为中国科协副主席的钱三强，以鲜明的态度给予积极支持，还亲自参与研讨。在第一次全国交叉科学学术讨论会上，他发表了题为"迎接交叉科学的新时代"的著名演讲，明确指出："科学学上有一个著名的原理，意思是说，科学的突破点，往往发生在社会需要和科学内在逻辑的交叉点上。""现在交叉科学也许同样正面临着一场突破。各门自然科学之间、自然科学与社会科学之间的交叉地带,一贯是新兴学科的生长点。"他提出的许多新颖而独到的看法,受到广泛重视。

1986年6月,钱三强兼任中国科协促进自然科学与社会科学联盟工作委员会(以下简称"促进联盟委员会")首任主任委员,开始活跃在方兴未艾的"软科学"舞台上,以"科技界一个老兵的名义"为这项工作摇旗呐喊。1987年后的一段时间,为了在"两个文明建设"中携手合作、共图发展,在钱三强及其领导的促进联盟委员会的发动下,包括科学技术、教育、社会科学、文学艺术、哲学、新闻出版等在内的中国知识界,掀起了联合交叉大讨论的热潮。钱三强还以极大的热情推动科学与文化交融,亲自策划并主持了"科学与文化论坛",各界有识之士踊跃列会,建言献策,气氛十分活跃。

不管从事什么工作,钱三强总是充满了信心,从来没有因为自己放弃"硬科学"、选择"软科学"而感到可惜。实际上,在中国的科学发展历程中,科学家关注软科学,甚至"转行"至软科学,既是个人兴趣使然,也是科学进步和时代发展的必然。著名学者龚育之对钱三强曾有过这样的评价:"和三强同志在物理学发现上的成就和领导原子能事业的成就相比,他对软科学研究的关注和贡献,就不大为人们注意了。其实,这也是三强同志科学贡献的一个重要方面,体现了现代科学发展的一个重要趋向。"

钱三强有一次接受《中国青年报》记者采访时,也借用马克思的话回答了这方面的问题:"如果我们选择了最能为人类福利而劳动的职业,我们就不会为它的重负所压倒,因为这是为全人类所做的牺牲;那时我们感到的将不是一点点自私而可怜的欢乐,我们的幸福将属于千万人,我们的事业并不显赫一时,但将永远存在;面对我们的骨灰,高尚的人们将洒下热泪。"

4. 令人尊敬的普通党员

钱三强在 1954 年加入了中国共产党,其入党介绍人是中国科学院党组书记张稼夫、中宣部科学处负责人于光远。之后,钱三强积极投身国家的科学事业,还当了部级干部,但是他从不以领导者自居,没有丝毫官气,始终把自己当作一个普通的党员,以同志、朋友的身份与人相处,为人热情,到哪里都让人感到踏实温暖。

钱三强要求所里的青年人,特别是党员、团员,都称呼他为"同志",不要叫他"钱所长""钱先生",因为这样显得更亲切,没有距离感。所以,他担任中国科学院副院长以后,中国科学院从上到下,无论口头还是书面,都称他"三强同志"。

钱三强不仅工作繁忙,社会活动也很多,但是党小组开生活会，他都会抽出时间参加，并且按要求写好发言提纲。1990年，根据党中央的统一部署，进行党员重新登记。时年77岁，而且多次发过心脏病的钱三强，仍然积极参加党小组和党支部会议，逢会必到。无论是党员学习阶段的自学、集体讨论、笔试，还是党员登记前的个人小结，他都认真完成，一丝不苟，深受同组党员的好评，成为大家的榜样。同年，钱三强被评选为中国科学院（京区）模范共产党员。

钱三强在自传中说，入党是他"人生的重大转折"，几十年来，无论遇到什么挫折，即使是被暂停了党员资格，他依然惦记着如何做一名合格的共产党员。

在日常生活中，钱三强从不摆谱，和夫人何泽慧过着跟普通人一样的日子，自己洗衣做饭，排队买菜。衣服破了也舍不得扔，缝补好后接着穿，并不觉得穿打补丁的衣服丢人。直到2000年以后，何泽慧有时还穿着打补丁的衣服，因为"旧衣服穿着舒服"。20世纪70年代中期，钱三强恢复工作后，有段时间每天都乘公共汽车上下班。冬天刮风下雪，他穿着长棉袄，系上围巾，头戴一顶遮耳棉帽，往返于中关村和三里河之间。中国科学院许多老人回忆钱三强时都不由得感慨："看不出他是大科学家，他比普通人还普通。"

钱三强虽然生活节俭，但他并不看重金钱，也舍得给别人花钱。在中国科学院的办公大楼里，有几个女工作人员负责清扫楼内的会议室、卫生间、楼道和领导办公室，送开水等工作。钱三强很关心她们，每年三八妇女节，总是亲自买糖果送给她们，祝她们节日快乐。即便在医院住院，他也不忘给她们写张纸条、托带糖果表达心意。

1977年夏，他代表中国科学院和物理学会参加在黄山召开的理论物理和天体物理会议，为了表达对会议工作人员的谢意，他拿出100元现金（约合当时普通人两个月的工资），让秘书上街买了一些糖果、茶叶、香烟，在会议结束当天晚上请全体工作人员开茶话会。当时大家都不知道这场茶话会是钱三强自掏腰包办的，因为他嘱咐秘书不要说出去。

在个人待遇方面，钱三强也很知足，从不向组织提要求、讲条件。早在1959年3月，他就写报告主动请求停止享受每月100元的学部委员津贴；1971年7月恢复组织生活时，他又每月自愿交党费100元。

从1955年开始，他和何泽慧一直居住在20世纪50年代初建的三层专家楼里，当时条件还算不错，但是时间长了楼体变得破旧，加上周围盖起不少高层建筑，室内采光也变差了。而且楼内的暖气管道老化，冬天屋里比较冷，需要时常穿着棉衣，很不方便。后来经亲友劝说，钱三强终于在卧室里装了空调，但安装以后他也很少用，因为当时电力供应紧张，他觉得开空调既浪费能源，还会影响别人家的正常用电。中国科学院为院领导和老科学家建了新的住宅楼后,钱三强仍然不肯搬进新房,为了让自己不搬家的理由更充分一些,他甚至想出一个不成理由的"理由":新楼离图书馆远,不方便。实际上,新楼离图书馆更近一些。

钱三强故去后,胡锦涛、温家宝等国家领导人曾多次到这套老房子里看望何泽慧,每次一说到换房子,老人就说自己已经住习惯了,这里很好。2007年8月3日,温家宝又来到这幢陈旧、简陋的楼里看望93岁高龄的何泽慧,书桌、电脑、沙发、钢琴把小屋挤得让人转不开身。温家宝又一次提出想给何泽慧换房子,但何泽慧婉言谢绝了他的好意,说"在这里住久了,有好多记忆"。温家宝也很理解老人的想法,深情地说:"我知道,您坐在这里就会想起很多往事。这里留下了记忆,也留下了精神。三强同志和您,中国人民都不应该忘记,也不会忘记!"

1992年6月28日,钱三强因心脏病复发在北京逝世,享年79岁。钱三强离去了,然而,死亡只是终止了他的生命,他的名字将在中国人民心中永存!曾任中国科学院院长的周光召这样评价钱三强:"钱三强先生正是这样一位掌握全局、运筹帷幄的指点之才,他无愧于这个时代。熟悉钱先生的人,不会忘记他那宽阔的胸怀、勇挑重担的气魄、杰出的组织才能、甘为人梯的精神、谦逊朴实的作风,

第七章 星殒光犹存

以及只求奉献不求索取的高风亮节。在钱先生身上，科学和道德达到了高度的统一。正是因为这样，钱三强先生才受到广大青年学生的仰慕，科学工作者的爱戴和全国人民的尊敬。"

附录　钱三强大事年表

1913 年 10 月 16 日，出生于浙江绍兴，取名秉穹，少年时随父母到北京生活。

1919 年，进入北京高等师范学校附属小学。

1920 年，转入孔德学校小学部。

1926 年，父亲钱玄同接受儿子同班同学的戏称，改"秉穹"为"三强"。

1929 年，读孙中山《建国方略》萌生"实业救国"理想。考入北京大学理科预科，同时旁听本科的课程，为考上海交通大学电机工程做准备。

1932 年，考入清华大学物理系。

1936 年，于清华大学毕业，在北平研究院物理研究所所长、著名物理学家严济慈手下做助理研究员，从事分子光谱方面的研究工作。

1937年,前往巴黎大学镭学研究所居里实验室,攻读博士学位。

1939年,完成博士论文《α粒子与质子的碰撞》。

1940年,获法国理学博士学位。6月随难民逃难,巴黎沦陷。8月重回巴黎,获"居里－卡内基奖学金"资助。

1941年11月,离开巴黎准备回国,伊莱娜出具评价文件,认为他具有很高的科研能力与水平。

1942年,太平洋战争断绝海上交通,滞留里昂,随后在里昂大学物理系指导学生。秋季,前往法国瑞士边界的疗养院看望伊莱娜,决定重回巴黎,并在约里奥的帮助下,作为法国国家科研中心奖学金资助者在法兰西学院进行科学研究。

1943年,任法国国家科研中心副研究员,受约里奥委托指导研究生。上半年,收到何泽慧寄自德国的信,让其向国内亲人代报平安。

1944年,帮助约里奥掩藏法共材料和假证件。12月,经约里奥推荐,升任法国国家科研中心研究员。

1945年,5月前往英国学习核乳胶技术。8月收到何泽慧记录的正负电子弹性磁撞照片,并在英法宇宙线会议上代为报告,颇受重视。秋,收到胡适寄来的赴北京大学任教邀请及返国路费,并在英国会见中共代表邓发和陈家康,获赠《论联合政府》剪报。

1946年,与何泽慧结婚,约里奥－居里夫妇出席。用核乳胶研究裂变，发现了铀核的三分裂和四分裂。年底，荣获法国国家科学研究院亨利·德巴微物理学奖金。

1947年，任法国国家科学研究中心研究员、研究导师。

1948年，6月乘船抵上海，行李被海关扣留。7月，美国驻中国大使馆发查询函，清华大学原子物理研究计划遭封杀。8月抵达北平，担任清华大学物理系教授，兼任北平研究院原子学研究所所长。

1949年4月，参加世界和平拥护者大会，提出带外汇购买原子科学仪器和资料，周恩来在西柏坡批准。6月19日，参加科代会筹备委员会第一次会议。10月25日，与丁瓒起草的中国科学院建院方案通过，担任计划局副局长。

1950年5月19日，任中国科学院近代物理研究所副所长。

1951年2月，任中国科学院近代物理研究所所长。8月，出席中国物理学会首届会员代表大会，被选为副理事长。

1952年，参加国际科学调查团，调查美国在朝鲜和中国东北发动细菌战的事实。

1953年，率中国科学院代表团访问苏联。

1954年，加入中国共产党。2月，任中国科学院学术秘书处秘书长。8月，向彭德怀建议搞反应堆和回旋加速器建设。

1955年，任国家建设委员会建筑技术局第一副局长，负责为反应堆和加速器选址和建设；被选聘为中国科学院学部委员（院士）。

1956年，带领40多名科学工作者在苏联实习考察。11月16日，任第二机械工业部（简称"二机部"）副部长。

1958年，任原子能研究所所长；7月推荐邓稼先到所工作。

1964年，中国第一颗原子弹爆炸成功。

1965年7月，被任命为改组后的中科院党委委员。

1967年，氢弹爆炸成功。西方媒体推测，钱三强是中国的"核弹之父"。

1975年，受胡耀邦委托主持召开"百家争鸣"座谈会。

1978年起，任中国科学院副院长兼浙江大学校长。

1980年1月，与周培源主持广州（从化）粒子物理理论讨论会。7月24日，在中南海以"科学技术发展简况"为题讲课。

1981年初，患急性心肌梗死住院。

1982年，当选中国科协副主席、中国物理学会理事长。

1984年2月，心脏病复发。同年被推举为中国科学院管理科学组组长、中国科学和技术政策研究会首任理事长。

1985年，荣获法兰西荣誉军团军官勋章。

1986年9月，中国科协成立促进自然科学与社会科学联盟工作委员会，兼任该委员会主任委员。

1987年，主持完成并发布第一批自然科学名词——天文学名词，共1956条，为《中国大百科全书》撰写"科学"条目。

1988年，主持制定《"科学与文化论坛"大纲》，举行系列座谈。12月，出席"核裂变发现50周年纪念会"，发表演讲。

1990年2月，与王淦昌、李觉等人联名上书江泽民、李鹏，就发展核电事业提出建议。5月，就学部委员工作中断10年带来的诸多问题，恳切致信李鹏，吁请批准增选学部委员。8月，作为特邀代表出席江泽民主持的科学家座谈会，就重视农业科学和建设文明新农村作了发言。

1991年3月，审定中国科协《中国科学技术专家传略》总序并署名。6月，写成《世界高新技术的发展及其对我国的挑战的几点认识》。

1992年6月28日，在北京病逝，终年79岁。

1999年9月18日，中共中央、国务院、中央军委追授钱三强"两弹一星功勋奖章"。

2003年10月17日，为纪念钱三强90周年诞辰，经国际天文学联合会小天体提名委员会批准，将中国科学院国家天文台施密特CCD小行星项目组于1988年10月16日发现的国际编号25240号小行星命名为"钱三强星"。

后　记

  关于竺可桢、华罗庚、苏步青、童第周等科学家，相信很多人在中小学课本里对他们的事迹就有些了解。他们爱国敬业、勇于探索、自力更生、发奋图强的精神和淡泊名利、甘为人梯的高尚人格，一直令我深受鼓舞，这种情怀也伴随着我成长。参加工作后，编撰一套科学家榜样丛书，让他们的精神广为传承与发扬，让不同年龄层的读者通过阅读他们的事迹得到精神方面的滋养，也成为我的一个心愿。

  在一次选题论证会上，大家畅所欲言、各抒己见，我也说出了多年来深藏心底的想法，结果得到同事们的极大认可，并且都跃跃欲试，想要参与其中，这让我心里有说不出的高兴与感动。很快，我将本套丛书的策划案以电子邮件的形式发给华中科技大学出版社大众分社的亢博剑社长，几天后收到亢博剑社长的回复。他在邮件中明确表示，总社、分社一致通过了本套丛书选题，希望尽快组织编写，争取早日付梓。在此，谨向华中科技大学出版社总编姜新祺、大众分社社长亢博剑及所有参与审校的编辑老师表示深切的感谢！

  选题确定后，公司马上成立了编写团队，一方面联系科学家的家人、好友及同事进行采访，一方面到各省市的纪念馆搜集一手资料，然后进行整理、归档、撰写。为了保证史料的严谨性，我们查阅了大量资料；为了更好地诠释老一辈科学家的科学精神和家国情怀，我们对书中的文字反复进行修改润色。经过将近一年的努力，初稿完成，并特邀海军大校、《海军杂志》原主编、海潮出版社原社长刘永兵编审审校。本套丛书还有幸得到了中国工程院原党组成员、秘书长兼机关党委书记，曾任钱三强院士专职秘书多年的葛能全先生审订。初次拜见葛老时，我们介绍了出版这套丛书的初衷及编写过程，葛老赞许道："你们还坚持这份初心，不容易！我对这套丛书的10位科学家颇为了解，他们也是我的青年导师。"葛老当场提出无偿帮助我们审订这套丛书。从2019年5月初至2019年10月底，葛老不畏暑天炎热，对10本书稿进行了逐字逐句的审校，并提出许多宝贵的修改建议。

  在本丛书的编写过程中，李建臣先生于百忙之中也给予了许多宝贵的指导和建议，并在团队多次真挚的邀请下，

后记

同意担任本套丛书的主编。

在此谨向葛能全先生、李建臣先生、刘永兵先生致以诚挚的感谢和崇高的敬意!

由于编者水平有限,加上本丛书涉及人物众多,难免有不准确、不妥当之处,尚祈广大读者批评指正。